Thomas Kregeloh

Die Microsoft
Programmer´s Workbench

Thomas Kregeloh

Die Microsoft Programmer´s Workbench

Arbeiten mit dem
Microsoft C/C++ PDS 7.0

Die Deutsche Bibliothek - CIP-Einheitsaufnahme

Kregeloh, Thomas:
Die Microsoft programmer's workbench : Arbeiten mit dem
Microsoft C/C++ PDS 7.0 /Thomas Kregeloh. -
Braunschweig ; Wiesbaden : Vieweg, 1992

Dieses Buch ist keine Original-Dokumentation der Firma Microsoft. Sollte Ihnen dieses Buch anstelle der Original-Dokumentation zusammen mit Disketten verkauft worden sein, welche die entsprechende Microsoft-Software enthalten, so handelt es sich wahrscheinlich um eine Raubkopie der Software.
Benachrichtigen Sie in diesem Fall umgehend Microsoft GmbH, Edisonstr. 1, 8044 Unterschleißheim - auch die Benutzung einer Raubkopie kann strafbar sein.

Verlag Vieweg und Microsoft GmbH

Das in diesem Buch enthaltene Programm-Material ist mit keiner Verpflichtung oder Garantie irgendeiner Art verbunden. Der Autor und der Verlag übernehmen infolgedessen keine Verantwortung und werden keine daraus folgende oder sonstige Haftung übernehmen, die auf irgendeine Art aus der Benutzung dieses Programm-Materials oder Teilen davon entsteht.

ISBN-13: 978-3-528-05189-1   e-ISBN-13: 978-3-322-84245-9
DOI: 10.1007/978-3-322-84245-9

Der Verlag Vieweg ist ein Unternehmen der Verlagsgruppe Bertelsmann International.

Umschlagsgestaltung: Schrimpf & Partner, Wiesbaden

Für Susanne und Morten

Vorwort

Computer erleichtern die Arbeit! Hiervon überzeugt, beschäftigen sich Heerscharen von Technikbegeisterten seit vielen Jahren damit, Software für Computer zu entwickeln (eine Arbeit, die ohne Computer nicht nötig wäre). Diese Beschäftigung nennt man Programmieren, die damit befaßten Menschen Programmierer. Und diese wollen irgendwann auch einmal von der versprochenen Arbeits-Vereinfachung profitieren.

Die Microsoft Programmer's Workbench stellt eine Benutzeroberfläche dar, von der aus sich alle Bereiche der Software-Entwicklung steuern lassen. Begonnen beim Editieren über das Kompilieren und Linken bis hin zum Debugger-kontrollierten Ausführen: All diese Tätigkeiten können sehr komfortabel aufgerufen werden. Befehlszeilen-Argumente ade — alle Optionen werden in übersichtlichen Menüs und Eingabemasken eingestellt.

Mit dem vorliegenden Buch wollen wir Ihnen den zweckmäßigen Einsatz der Microsoft Programmer's Workbench nahebringen. Zwar stellt Microsoft die Workbench für viele Sprachen zur Verfügung, und erklärtes Ziel ist es gerade, für alle Sprach-Compiler eine gemeinsame Oberfläche zu bieten. Allerdings birgt jede Sprache einige Besonderheiten, und so spezialisieren wir uns hier auf das Programmieren mit Microsoft C.

Sie werden schnell den Vorteil und die Möglichkeiten der Workbench erkennen und lernen, sie intensiv zu nutzen.

An dieser Stelle bedanke ich mich besonders bei Frau Andrea Kopf von Microsoft, die sich meinen Fragen und Bemerkungen zum Thema Workbench mit bemerkenswerter Geduld widmete.

Hamburg im Sommer 1992

Inhaltsverzeichnis

1 Vom Quell-Text zum fertigen Programm ... 5
Die Microsoft Programmer's Workbench ... 7

2 Einsteigen bitte! ... 9
Installieren der Workbench ... 9
Die Workbench aufrufen ... 12
Der Start der Workbench ... 14
Die Bedienung der Workbench ... 16
Ein Programm erstellen ... 19

3 Die Komponenten der Programmer´s Workbench ... 25
Der Editor ... 26
Suchen und Finden ... 33
Advisor — das Hilfesystem ... 37
Von NMAKE, Compiler und Linker ... 44
Ein zweites Programm ... 53
Programme starten ... 58
Der Debugger CodeView ... 60
Mit CodeView arbeiten ... 63
Der Browser ... 73
Der Profiler ... 87

4 Projekte — oder: Von der Einfalt zur Vielfalt ... 89
Ein Projekt beginnen ... 91
Aus den Teilen ein Ganzes zusammensetzen ... 98
Das Projekt wird erweitert ... 104
Eine Bibliothek aufbauen ... 106
Eine kleine WINDOWS-Anwendung ... 108

5 Die Workbench individuell konfigurieren ... 117
Die Farbzuordnung ... 117
Ein wenig Stille gefällig? ... 125
Eine maßgeschneiderte Umgebung ... 125
Die PWB-Schalter ... 126
Die PWBC-Schalter ... 134
Die PWBHELP-Schalter ... 135

Die PWBROWSE-Schalter 135
Individuelle Tastaturbelegungen 136

6 Die Workbench erweitern 137
Drucken 137
Erweiterungen des Menüs Run 140
Ein Makro oder eine Funktion starten 142
Ein Makro aufzeichnen 143

Anhang

Optionen der Menüs 145

Kurzfahrpläne 149
  1. Ein-Modul-Programm 149
  2. Einstellungen für ein Programm aus mehreren Modulen 149
  3. Aufbauen einer eigenen Bibliothek 150
  4. Eine WINDOWS-Applikation 150

Farbzuordnung und Farbwerte 151

Befehlszeilenparameter 153

Tastaturkombinationen 154

Die PWB-Funktionen 155

Dateinamen-Erweiterungen 158

Register 159

Kapitel 1

Vom Quell-Text zum fertigen Programm

Eine der wichtigsten Tätigkeiten des Programmierers ist das Erstellen von Programmen. Zum Auftakt sollten wir Klarheit über diese Binsenweisheit gewinnen. Das Arbeitsleben eines Programmierers ist außerdem natürlich noch von weiteren Aufgaben erfüllt: Sammeln von Informationen über neue Entwicklungen, Akquirieren von Aufträgen (sofern die Tätigkeit Geld einbringen soll) beziehungsweise Vermarkten der Produkte und was es sonst noch an mehr oder weniger angenehmen Beschäftigungen gibt.

Keine Angst, dieses Buch stellt keine Lebensberatung für Programmierer dar. Wir kreisen lediglich das Thema ein.

Programmieren — ein Sammelbegriff für mehrere unterschiedliche Tätigkeiten, die wir an dieser Stelle kurz umreißen möchten. Sollten Sie mit diesen Abläufen vertraut sein, so können Sie sich den Rest dieses Kapitels ersparen. Wir sehen uns dann zu Anfang von Kapitel 2 wieder.

Das Erstellen eines Programms von der Problemstellung bis zur fertigen Anwendung gliedert sich grob gesehen in die Schritte:

⇨ Problemanalyse und Konzepterstellung,

⇨ Programmierung und Testen,

⇨ Übergabe des Programms an den Anwender, daran anschließend häufig

⇨ Nachbesserungen bis zur

⇨ endgültigen Abnahme des Programms durch den Anwender.

Damit ist es aber nicht getan. Wenn sich etwas am Umfeld der Anwendung ändert, ergeben sich häufig Anpassungsarbeiten. Oder versteckte Fehler des Programms treten erst nach einiger Zeit im Einsatz auf. Bei derartigen Arbeiten spricht man von Programmpflege. In der professionellen Programmierung fordert sie einen

erheblichen Teil der Programmiererkapazität. Daher werden mitunter in großen
Rechenzentren und Softwarehäusern die Programmierer in jene eingeteilt, die
Neuentwicklungen vornehmen, und solche, die bestehende Programme pflegen.

Der Vorgang des Programmierens läßt sich in mehrere Teilschritte untergliedern,
die jeweils ein- oder auch mehrmals durchgeführt werden:

⇨ Den Quell-Text eingeben, gegebenenfalls mehrere Quell-Texte.

⇨ Den Compiler mit den erforderlichen Argumenten aufrufen.

⇨ Die Ausgabe des Compilers kontrollieren.

⇨ Gegebenenfalls den Quell-Text ändern, um Syntaxfehler zu bereinigen.

⇨ Das oder die Objekt-Module mit den Bibliotheken linken.

⇨ Ausgabe des Linkers kontrollieren.

⇨ Die Anwendung testweise ausführen. Dies geschieht häufig unter Kontrolle
   eines Debuggers, der mit entsprechenden Argumenten aufzurufen ist.

⇨ Nach Begutachtung des Testlaufs gegebenenfalls den Quell-Text erneut
   ändern. Die ganze bislang geschilderte Prozedur wiederholt sich.

Bei jedem Programm, das die Komplexität von `printf ("hello world\n");`
eindeutig übersteigt, werden die oben genannten Schritte normalerweise mehrfach durchgeführt. Und spätestens beim vierten Durchlauf fragt sich der genervte
Programmierer, ob das nicht leichter zu bewerkstelligen ist, denn die Aufrufar-
gumente für die einzelnen Schritte sind gewiß nicht immer ganz einfach zu
behalten und einzutippen.

Ansätze zur Arbeitserleichterung gab es vielfach. Der Siegeszug des Turbo Pascal
beispielsweise war wesentlich durch die integrierte Entwicklungsumgebung
mitbestimmt: In einem Rutsch ließen (und lassen) sich alle erforderlichen
Arbeiten vom Editieren bis zur Ausführung abwickeln, und das in einem bislang
ungewohnt rasanten Tempo. Andere Compiler erhielten MAKE-Utilities als
Beigabe. Nach einer einmal aufgestellten Definition werden alle Tätigkeiten, die
sich an das Editieren anschließen, automatisch in der richtigen Reihenfolge
ausgeführt. Der Programmierer startet das MAKE und braucht nur noch
zuzuschauen. Das MAKE ist so schlau, nur diejenigen Arbeiten auszuführen, die
aufgrund von Änderungen im Quell-Text tatsächlich erforderlich sind. Doch hier
fehlte die Integration des Editors.

Viele Programmierer schufen sich eigene, teils sehr effiziente Lösungen. Mit Hilfe von DOS-Batchdateien lassen sich Entwicklungsumgebungen aufbauen, die über Umgebungs-Variablen eine komfortable Steuerung ermöglichen.

Microsoft entwickelte seine *Quick*-Sprachen (QuickBasic, QuickC etc.). Hier findet sich die Integration, wie man sie sich vorstellt (und von Turbo Pascal schon seit Jahren kennt). Doch der *große* C-Compiler, seit jeher neben dem Microsoft Macro Assembler das Flaggschiff für die professionelle Programmierung, kannte derartige integrierte Unterstützung immer noch nicht.

Die Microsoft Programmer's Workbench

Für verschiedene seiner Compiler-Systeme hat Microsoft eine integrierte Oberfläche entwickelt. Es handelt sich dabei um das *Professional Development System (PDS)*, dessen Bestandteil die *Microsoft Programmer's Workbench* ist. Von ihr handelt das vorliegende Buch.

Der Microsoft C-Compiler ab Version 6.0A ist mit dem Professional Development System ausgestattet. Daher steht hier die Workbench ebenso zur Verfügung wie für die neuesten Versionen fast aller Microsoft-Sprachen (mit Ausnahme von Pascal).

Derzeit wird die Workbench Version 2.0 zusammen mit Microsoft C / C + + 7.0 ausgeliefert. Gegenüber der Vorversion unterscheidet sie sich zwar nicht in der Zielsetzung, aber in der Qualität der Software. Vorgänger war die Version 1.1, die im Vergleich zur ersten Fassung um etwa 25 % schneller arbeitet, gemischtsprachige Entwicklung besser unterstützt und tieferes Schachteln der Include-Dateien ermöglicht. Die Versionen 1.x kann man getrost als unausgereift bezeichnen. So ist es unzumutbar, wenn im Editor eines für C konzipierten Programmiersystems ein { nur mit Verrenkungen einzugeben ist. Aber man hat im Hause Microsoft die Workbench zu einer wirklich brauchbaren Arbeits-Erleichterung weiterentwickelt.

Gestatten Sie uns noch ein paar Worte zur Namensgebung *Workbench*. Wir halten sie für sehr intuitiv und gut gewählt. Gleichzeitig illustriert sie ein interessantes Phänomen unserer High Tech-Zeit.

Je fortschrittlicher und — damit einhergehend — abstrakter die eingesetzte Technologie, desto stärker ist das Verlangen, darin Vertrautes, Greifbares wiederzuerkennen. Warum sonst haben fast alle Roboter in Science-Fiction-Filmen menschenähnliche Gestalt? Über die Akzeptanz der Technik durch den

Menschen ist viel geforscht worden. Als eines der Ergebnisse wurden uns zum Umgang mit den höchst abstrakten Vorgängen im Inneren eines Computers diverse grafische Oberflächen beschert, die sich mit Hilfe kleiner Bilder präsentieren. Wie schön ist es doch, das Löschen einer Datei durch Verschieben eines Symbols zum Papierkorb hin vorzunehmen. Es fehlen eigentlich nur noch kleine Figuren, die abends über den Bildschirm laufen, den Papierkorb leeren und den Desktop mit feuchtem Lappen wischen.

Wie der Erfolg grafischer Oberflächen à la WINDOWS bestätigt, ermöglicht derart veranschaulichte Technik all jenen einen einfachen Einstieg, die sonst die Vorgänge nicht ausreichend verstehen und auf die Benutzung eines Computers verzichten würden. Doch auch wer die Bedienung des PCs beherrscht, profitiert davon. Die Übersicht über komplexe Vorgänge bleibt erhalten, umfangreiche Aufgabenstellungen lassen sich einfacher kontrollieren.

So ist es heutzutage für Computer-Spezialisten keine Schande mehr, sich durch eine Benutzeroberfläche bei der Arbeit unterstützen zu lassen. Denn natürlich könnte man auch alles per Hand eingeben und wüßte jeden Parameter auswendig. Aber so geht's halt schneller.

Auch Programmierer sind versucht, das theoretische Geschehen im Rechner mit praxisbezogenen Begriffen zu versehen. Daher verwundert es nicht, daß sich der Begriff *Workbench* (Werkbank) durchgesetzt hat, so als seien Programme handfeste Werkstücke, die mit Säge, Feile und Schleifpapier in handwerklicher Manier produziert würden. Passende Arbeitskleidung des Programmierers wäre demzufolge die blaue Latzhose.

Wir möchten mit diesem Buch die zur Workbench ausgelieferte englischsprachige Literatur ergänzen sowie die Möglichkeiten und Funktionen der Workbench leicht verständlich und übersichtlich darstellen. Zwar ist die Workbench — wie oben aufgeführt — eine gemeinsame Oberfläche für viele unterschiedliche Sprachen. Wir schildern hier jedoch insbesondere ihren Einsatz im Zusammenhang mit dem Microsoft C-Compiler. Auf die Ergänzungsmöglichkeiten und Eigenheiten in den anderen Programmiersprachen einzugehen, würde den Rahmen dieses Buches sprengen. Wir beschränken uns darauf, den Umgang mit der Workbench zu schildern. Spezifika der Sprache C oder gar das Programmieren als solches erläutern wir nicht.

Und nun — viel Erfolg beim Einsatz der Microsoft Programmer's Workbench!

Kapitel 2

Einsteigen bitte!

In diesem Kapitel lernen Sie, mit Hilfe der Workbench einfache Programme zu editieren, zu kompilieren, zu linken und auszuführen. Einfache Programme: das bezieht sich nicht auf die Aufgabenstellung oder die Syntax der Befehle. Wir meinen damit vielmehr, das ausführbare Modul soll lediglich aus einem Quell-Text und Funktionen der Laufzeitbibliothek entstehen.

Zuallererst die Voraussetzungen: Microsoft C in der Version 7 oder später muß zur Verfügung stehen. Der Rechner muß mit einem Prozessor ab 386SX aufwärts ausgerüstet sein. Das mag für jemanden, der bislang mit seinem 286er-AT zufrieden war, nur schwer einzusehen sein (oder es ist der ersehnte Vorwand für die Hardware-Investition). Diese Abgrenzung ist allerdings nicht in der Workbench begründet. Sie beruht auf dem C-Compiler, der die von ihm erwartete Leistungsfähigkeit eben erst in der 32 Bit-Welt erreichen kann. Man mag als Benutzer dazu stehen, wie man will: mit weniger läuft nichts. Übrigens läßt sich die Workbench im Zusammenhang mit anderen Sprachen ohne weiteres noch auf kleineren Prozessoren betreiben. Eine Workbench wurde bereits mit der Version 6.0A des Microsoft C ausgeliefert. Aber — wie erwähnt — unterscheidet sie sich erheblich von der hier besprochenen Version 2.

Wenn die Voraussetzungen erfüllt sind und die Workbench bereits installiert ist, können Sie den folgenden Abschnitt getrost überschlagen.

Installieren der Workbench

Die Workbench wird im Zuge der Installation des C-Compilers und seiner Hilfsprogramme mit eingerichtet. Sofern das Installationsprogramm das Vorhandensein von Windows (ab 3.0) bemerkt, erfolgt die Installation unter Windows, anderenfalls als reine DOS-Anwendung.

Wir gehen nicht weiter auf die Installation ein; dazu müßten wir uns zu sehr mit den Details des C-Compilers und seiner Subsysteme beschäftigen. Sie haben die Wahl zwischen einer Installation mit Standardwerten oder einem individuellen

Zuschnitt. Denken Sie bei individueller Auswahl daran, daß jegliche Vielfalt vor allem Speicherplatz auf der Festplatte kostet. Wenn Sie lediglich kleine Programme schreiben, reicht es aus, zuerst ausschließlich das Speichermodell *SMALL* zu installieren und nur im späteren Bedarfsfall andere Speichermodelle zusätzlich auf die Platte zu bringen. Erfreulich am Installationsprogramm ist, daß der Festplatten-Platzbedarf stets direkt angezeigt wird. Und bei Verständnisfragen stehen schon während der Installation umfangreiche Hilfetexte zur Verfügung.

Wichtig ist jetzt vor allem, daß Sie auch bei individuellem Zuschnitt die Workbench mit anfordern (Standardeinstellung).

Im weiteren Verlauf wird neben den anderen Features die Workbench auf dem Rechner installiert. Befolgen Sie die Anweisungen der Installationsroutine, bis der Vorgang komplett abgeschlossen ist.

Eine besondere Situation liegt vor, wenn der Compiler zwar installiert ist, jedoch ohne Workbench. Wählen Sie dann die individuelle Installation.

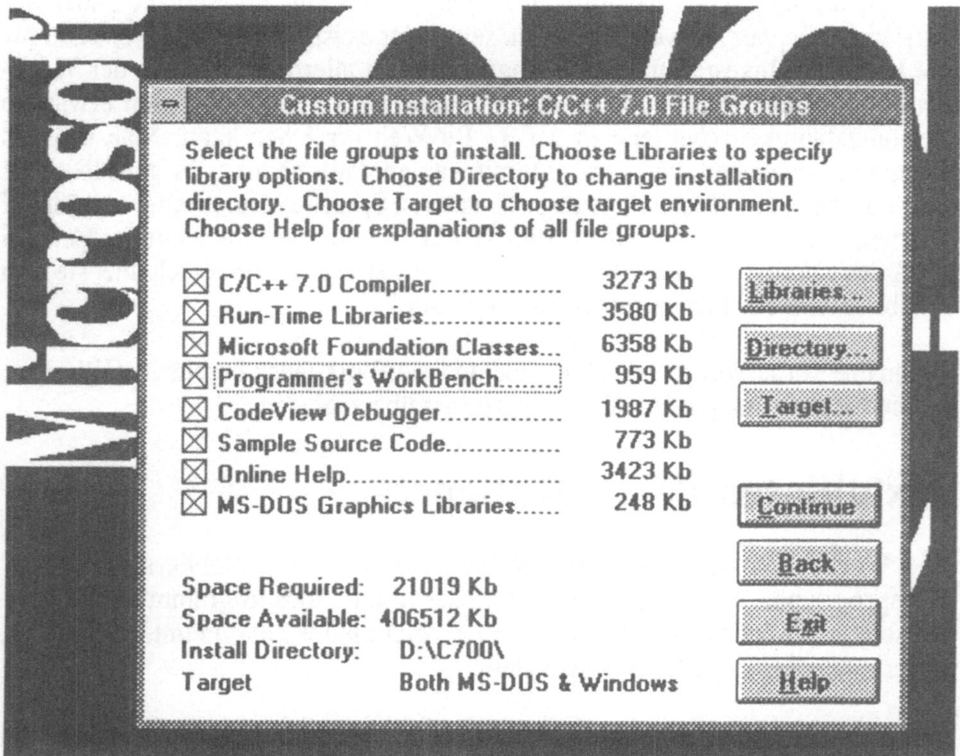

Abbildung 2-1: *Achten Sie darauf, daß die Workbench mit angefordert wird.*

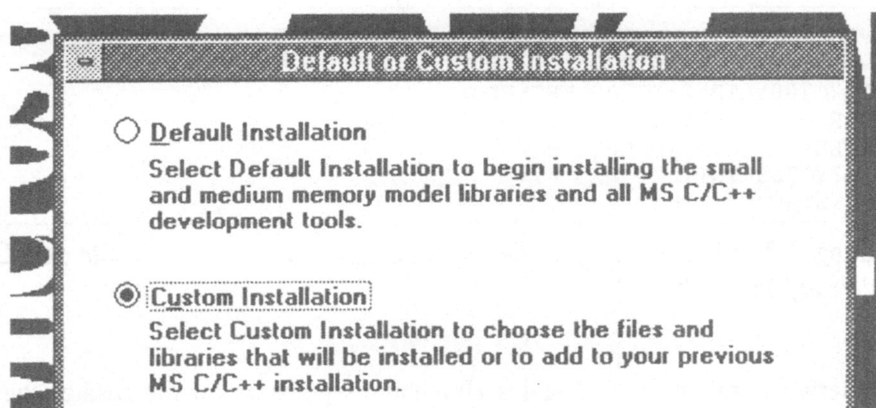

Abbildung 2-2: *Zum Nachrüsten der Workbench wählen Sie die individuelle Installation.*

Schalten Sie in der Liste 'Custom Installation' alle File Groups aus — bis auf die Programmer's Workbench. Dann fahren Sie fort wie bei einer normalen Installation. Der Vorgang ist relativ schnell abgeschlossen. Bei Nachinstallationen ohne vorheriges Löschen bleiben bereits installierte Teile wie Bibliotheken für andere Speichermodelle oder etwa eigene Quell-Dateien erhalten.

Bedenken Sie, daß das Arbeiten mit der Workbench im allgemeinen mehr Speicherplatz auf der Festplatte belegt als das Arbeiten ohne. Das gilt nicht nur beim Installieren, sondern auch im 'aktiven Einsatz' wegen zusätzlicher Dateien.

Wie schon in den vorigen Versionen benötigen der Compiler und die Hilfsprogramme Informationen über den 'Standort' (also Laufwerk, Verzeichnis) der einzelnen Bibliotheken, Include-Dateien etc. Diese Informationen müssen in bestimmten Umgebungsvariablen eingetragen sein.

Sorgen Sie durch entsprechende *SET*-Befehle dafür, daß die Umgebungsvariablen für *LIB*, *INCLUDE* etc. und die *PATH*-Angabe korrekt gefüllt sind.

Zum Setzen der Variablen können Sie vor Aufruf der Workbench die Batch-Datei *new-vars.bat* (befindet sich im Unterverzeichnis *c700\bin*) ablaufen lassen. Wenn Sie häufig mit dem C-Compiler arbeiten, sollten Sie die entsprechenden SET-Anweisungen in die Datei *autoexec.bat* aufnehmen oder, was noch eleganter ist, mit der Anweisung `call c:\c700\bin\new-vars.bat` während der Ausführung der *autoexec.bat* verzweigen.

In den Pfad sollte das Unterverzeichnis des Compilers und der Hilfsprogramme aufgenommen werden: *c700\bin*.

```
COMSPEC=C:\DOS\COMMAND.COM
PATH=C:\DOS;C:\C700\BIN;
LIB=C:\C700\LIB;C:\C700\MFC\LIB;
INCLUDE=C:\C700\INCLUDE;C:\C700\MFC\INCLUDE;
HELPFILES=C:\C700\HELP\*.HLP
INIT=C:\C700\INIT
TMP=C:\WINDOWS\TEMP
```

Abbildung 2-3: *Ein Beispiel für die Umgebungsvariablen, wie sie für den C-Compiler erforderlich sind.*

Möglicherweise reicht die Größe des Umgebungsspeichers für die zusätzlichen Eintragungen nicht aus. Hier schaffen Sie Abhilfe mit folgender Eintragung in der Datei *config.sys*:

```
SHELL=C:\DOS\COMMAND.COM /E:2000 /P
```

Das Wichtige hieran ist die Angabe /E:xxxx /P. Der Wert xxxx bestimmt die Größe des Umgebungsspeichers (Environment) in Bytes, er muß zwischen 160 und 32.768 liegen. /P bedeutet, daß mit dieser Anweisung kein neuer Kommandoprozessor geladen und *autoexec.bat* weiter ausgeführt wird.

Wenn wir schon von *config.sys* sprechen: Achten Sie darauf, daß die Angaben für *FILES* und *BUFFERS* mindestens auf den in *c700\bin\new-conf.sys* vorgeschlagenen Werten stehen.

Es besteht auch die Möglichkeit, die Umgebungsvariablen noch unter der Workbench zu korrigieren. Darauf gegen wir später ein.

Die Workbench aufrufen

Nachdem alles installiert ist, möchten Sie natürlich gerne einmal die Workbench starten. Dazu ein paar Bemerkungen.

Wie bereits angemerkt, benötigt der C-Compiler die 32 Bit-Umgebung. Unter 'normalem' DOS steht diese allerdings nicht zur Verfügung. Lassen Sie sich also nicht dadurch täuschen, daß die Workbench startet, wenn Sie sie unter DOS mit dem Befehl PWB aufrufen. Beim ersten Versuch, ein Programm zu kompilieren, würde sich der Compiler mit einem Hinweis auf die fehlende 32 Bit-Umgebung verabschieden.

Sie können die Workbench für C auf zweierlei Art starten:

⇨ unter MS-DOS mit einem DOS-Extender,

⇨ unter WINDOWS.

Ein DOS-Extender ist ein Programm, das entweder als Treiber von der Datei *config.sys* aus startet oder von der Ebene des DOS-Prompt aufgerufen wird. Allen Programmen, die anschließend gestartet werden und darauf angewiesen sind, steht 32 Bit-Adressierung zur Verfügung. Solche Extender sind beispielsweise *386MAX* von *Qualitas* oder *BlueMAX* ab Version 6. *386MAX* ist Bestandteil des Microsoft C 7.0 / C++-Paketes.

Sofern nicht besondere Gründe dagegen sprechen (vielleicht ist WINDOWS nicht installiert, oder Sie mögen es absolut nicht), empfehlen wir, die Workbench unter WINDOWS (ab Version 3.0) im Erweiterten 386-Modus einzusetzen. Das Für und Wider zu WINDOWS wollen wir hier nicht diskutieren, diese Entscheidung müssen Sie für sich selber treffen. Wir sehen die Möglichkeit des Applikationen-Wechselns als recht praktisch an, um zwischendurch etwas auszuprobieren oder Dateien zu verändern. Sollten Sie WINDOWS-Applikationen entwickeln, so ist die Entscheidung sowieso schon gefallen.

Der Einsatz der Workbench unter OS/2 (mit der Version des C-Compilers, die Käufer des C 7.0 / C++ von Microsoft erhalten können) entspricht in den wichtigen Punkten dem unter WINDOWS.

Im folgenden gehen wir grundsätzlich davon aus, daß Sie die Workbench unter WINDOWS einsetzen. Das spielt aber keine wesentliche Rolle, sofern sie erst einmal aktiv ist.

Als WINDOWS-Anwender finden Sie im Microsoft C7/C++-Fenster ein einladendes Icon:

Programmer's Work Bench

Abbildung 2-4: *Das Icon der Workbench.*

Klicken Sie das Icon an. Sollte es jetzt noch zu Schwierigkeiten kommen, könnte
das höchstens an der Datei *c700\bin\pwb.pif* liegen. Nötigenfalls können Sie sie
mit dem PIF-Editor korrigieren. Haben Sie auch daran gedacht, den Pfad um das
Verzeichnis *c700\bin* zu erweitern?

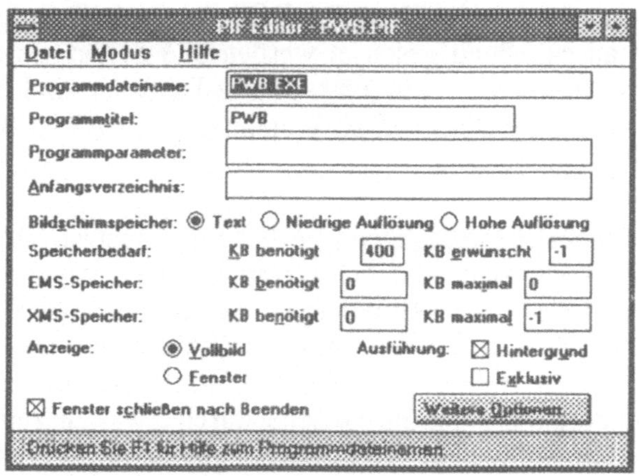

Abbildung 2-5: *Editieren der Datei* c700\bin\pwb.pif.

Der Start der Workbench

Wie auch immer Sie die Workbench gestartet haben: Ein Bild im Textmodus
erscheint und kündet von Aktivitäten, die mit dem Start der Workbench
verbunden sind. Es handelt sich um das Laden verschiedener Funktionsblöcke,
der sogenannten *Extensions*. Dieser Vorgang kann, je nach Leistungsfähigkeit
des Rechners, einige Zeit in Anspruch nehmen.

Sofern Sie bereits einmal die Workbench aufgerufen haben, wurde der Zustand
der Session beim Verlassen in der Datei *current.sts* festgehalten. Sollte sich eine
solche Datei in dem Verzeichnis befinden, das in der Umgebungsvariable INIT

beschrieben ist (oder, falls *INIT* fehlt, im aktuellen Verzeichnis), wird sie beim erneuten Aktivieren der Workbench gelesen.

Eine Begriffsvereinbarung: Unter einer *Session* mit der Workbench verstehen wir eine 'Arbeitssitzung' vom Aufrufen der Workbench über alle ausgeführten Funktionen bis hin zum endgültigen Verlassen der Workbench.

Üblicherweise rekonstruiert die Workbench jeweils den Zustand, in dem sie beim letzten Mal verlassen wurde. Das bezieht sich auf allgemeine Einstellungen und auch auf die geöffneten Textfenster. Beim ersten Aufruf, in sozusagen jungfräulichem Zustand, ist kein Fenster geöffnet.

Wer ein im Trend liegendes Design mit grafischer Oberfläche erwartet hat, speziell hier unter WINDOWS, mag jetzt etwas erstaunt sein, daß alles im Textmodus vonstatten geht.

Nach einigen Sekunden Andacht kribbelt es Ihnen in den Fingern, aktiv zu werden. Wir erklären im folgenden die grundsätzliche Bedienung.

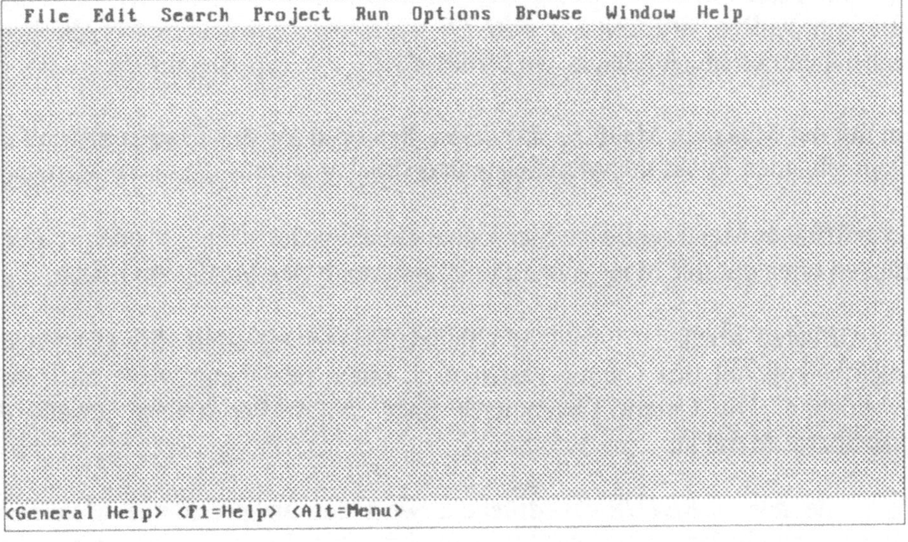

Abbildung 2-6: *Der Beginn einer langen Freundschaft: Das Startbild der Microsoft Programmer's Workbench.*

Die Bedienung der Workbench

Die Workbench wurde so konzipiert, daß sie sowohl mit wie auch ohne Maus
komfortabel gesteuert werden kann. Einer ihrer Vorteile gegenüber anderen
Entwicklungsumgebungen besteht gerade darin, daß alle Vorgänge unter einer
einheitlichen Oberfläche ablaufen und sich (fast) alles mit der Maus steuern läßt.

Sie finden in dieser Textmodus-Oberfläche fast alles an Bedienungselementen
wieder, was in der grafischen Oberfläche von WINDOWS für gleichartiges
Erscheinungsbild und einheitliche Bedienung sorgt: Von Drop-Down-Menüs
über Scroll-Bars bis hin zu vereinfachten Icons, die natürlich keine grafische
Qualität aufweisen.

Wir unterstellen, daß Ihnen der Umgang mit derart konzipierten Systemen
einigermaßen geläufig ist und fassen uns daher möglichst kurz.

Während der gesamten Session steht Ihnen mit *<F1>* (oder Anwahl des
Menüpunktes *HELP* mit der Maus) ein sehr ausführliches Hilfesystem zur
Verfügung. Neben fachlichen Informationen zur Programmiersprache bietet es
genaue Hinweise, wie Sie die Workbench nutzen können. Im nächsten Kapitel
beschreiben wir es genauer.

Zum Aktivieren der Menüleiste am oberen Bildschirmrand drücken Sie einmal
kurz die Taste *<ALT>*. Wenn Sie einen bestimmten Punkt der Menüleiste
aktivieren wollen, drücken Sie *<ALT>* zusammen mit dem hervorgehobenen
Buchstaben des Menüpunktes. So öffnet *<ALT F>* das Menü *FILE*.

Um mit der Maus ein Menü zu aktivieren, bewegen Sie den Mauszeiger auf den
entsprechenden Punkt der Menüleiste und drücken einmal die linke Maustaste.

Ein geöffnetes Menü schließen Sie, indem Sie entweder *<ESC>* oder *<ALT>*
drücken oder mit der Maus einen Punkt außerhalb des Menüs anklicken.

Im geöffneten Menü ist jeweils ein Punkt invers dargestellt. Sie können den
Leuchtbalken mit den Cursor-Tasten nach unten beziehungsweise nach oben
verschieben. Die Cursor-Tasten nach links und rechts steuern jeweils das
benachbarte Menü an.

Wenn Sie nun *<RETURN>* drücken, wird der entsprechende Menüpunkt
aktiviert und die dazugehörige Aktion durchgeführt. Für schnelle Anwahl, auch
ohne Verschieben des Leuchtbalkens, drücken Sie den Buchstaben, der im
gewünschten Menüpunkt hervorgehoben ist.

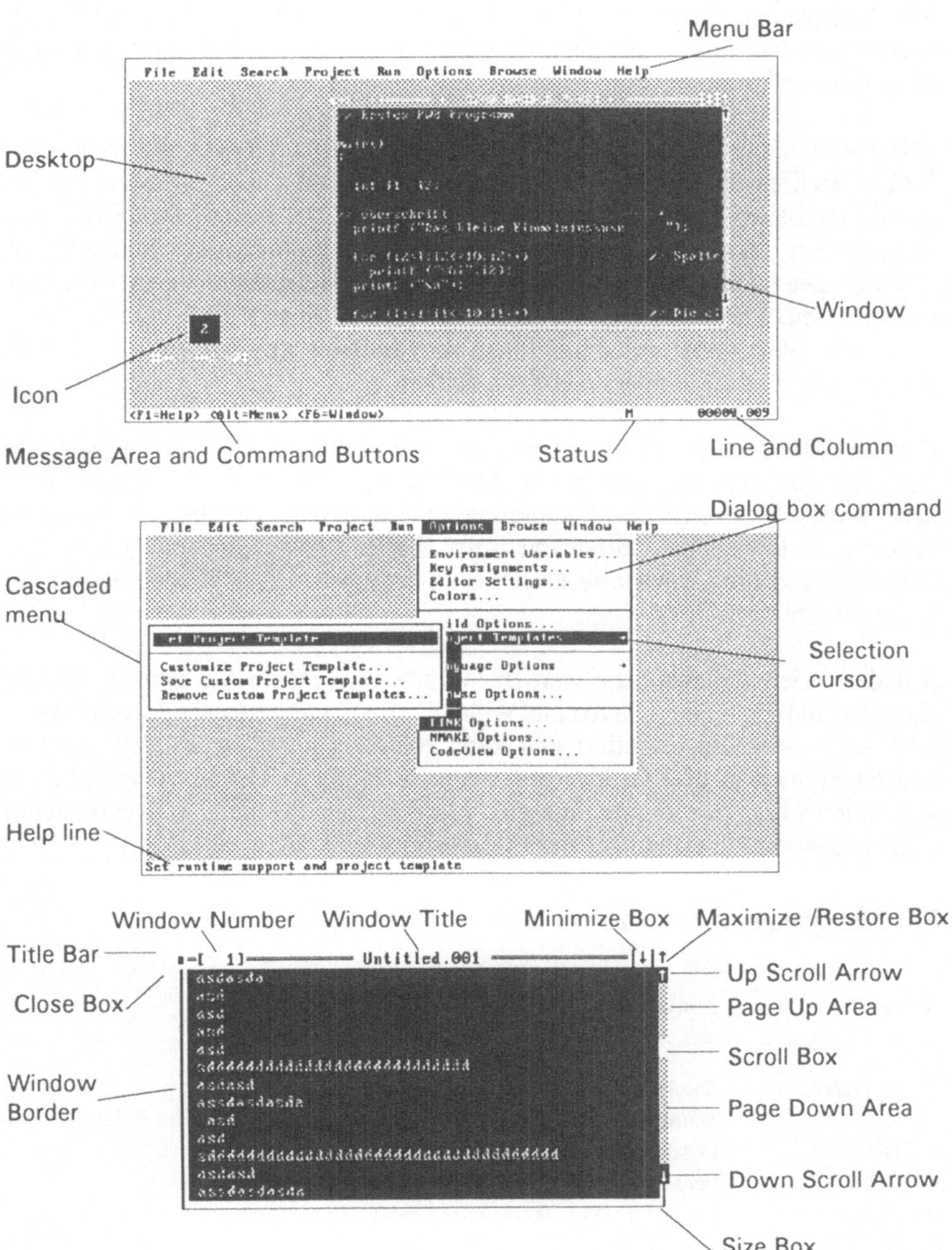

Abbildung 2-7: *Die Bestandteile der Fenster und des Menüsystems mit ihren englischen Original-Bezeichnungen.*

Mit der Maus geschieht die Auswahl im geöffneten Menü dadurch, daß Sie den entsprechenden Punkt mit dem Mauszeiger ansteuern und dann die linke Maustaste drücken.

Manche Menüpunkte und Funktionen sind mit Tastenkombinationen verbunden. So können Sie während des Editierens <SHIFT> und <F2> drücken, und die gerade bearbeitete Datei wird gesichert, ohne daß Sie sich über die Menüs hangeln müssen. Ein Verzeichnis der festgelegten Tastaturkombinationen finden Sie im Anhang. Die wichtigsten nennen wir, während wir die entsprechenden Funktionen erklären. Sie werden im weiteren Verlauf des Buches auch lernen, selber Tastaturkombinationen mit Funktionen zu verbinden und auf diese Weise die Workbench für Ihre Finger 'maßzuschneidern'.

Einzelne Menüpunkte sind gekennzeichnet. Drei Punkte am Ende der Bezeichnung besagen, daß der Menüpunkt eine Dialogbox aktiviert. Ein kleiner Pfeil nach rechts kennzeichnet Menüpunkte, die ihrerseits zu einem Untermenü verzweigen. Ein solches Untermenü öffnen Sie per Tastatur, indem Sie den Punkt ansteuern und die Cursortaste nach rechts betätigen. Sie schließen es mit der Cursor-Taste nach links.

Auf der freien Arbeitsfläche werden Sie arbeiten, indem Sie Fenster öffnen, benutzen und schließen. Die Art und Weise der Bedienung ist am weitverbreiteten SAA-CUA-Standard orientiert und kann ebenfalls kurz abgehandelt werden. Fenster können in drei Größen vorliegen: In mittlerer Größe, ganz klein als sogenanntes Icon (die Darstellung gelingt im Textmodus nicht so überzeugend) oder aufgezoomt über den ganzen Bildschirm.

Die Tastenkombinationen zum Steuern der Fensteraufteilung:

Taste	Funktion
<ALT bildnr>	Direkt ein bestimmtes Fenster anwählen.
	bildnr enstpricht der Ziffer in der oberen linken Ecke des Fensters.
<CTRL F9>	Fenster zum Icon verkleinern.
<CTRL F10>	Fenster zur vollen Größe aufzoomen.
<CTRL F5>	Icon oder voll aufgezoomtes Fenster wiederherstellen.
<CTRL F7>	Verschieben eines mittelgroßen Fensters.
<CTRL F8>	Größenveränderung eines mittelgroßen Fensters.
<F5>	Alle Fenster schuppenförmig anordnen.
<SHIFT F5>	Alle Fenster kachelförmig anordnen.
<ALT F5>	Alle Fenster werden automatisch möglichst sinnvoll angeordnet.
<CTRL F4>	Schließen eines Fensters.

Wenn Sie mit der Maus arbeiten, steuern Sie mit dem Mauszeiger die entsprechenden Bedienungselemente des Fensters an. Wir verwenden hier die englischen Begriffe wie in Abbildung 2-8, da sie auch in der Online-Hilfe so genannt werden. Einige Funktionen wie die automatische Anordnung der Fenster müssen Sie per Maus über die Menüs ansteuern.

Element	Funktion
Title Bar	(Anklicken) Fenster ansteuern.
	(Ziehen) Fenster verschieben.
Minimize Box	Fenster wird zum Icon.
Maximize/Restore Box	Wechsel zwischen ganzem Bildschirm und normaler Größe.
Close Box	Fenster wird geschlossen.
Up Scroll Arrow	Hochrollen des Fensterinhalts.
Page Up Area	Hochblättern des Fensterinhalts
Scroll Box	(verschieben) Schnelles Verschieben des Fensterinhaltes.
Page Down Area	Herunterblättern des Fensterinhaltes.
Down Scroll Arrow	Herunterrollen des Fensterinhaltes.
Size Box	(Ziehen) Größe des Fensters verändern.

Sollten Sie an einem Fenster die Scroll-Bars vermissen, so können Sie sie mit *<CTRL F6>* zu- bzw. abschalten. Drücken Sie diese Kombination mehrmals, um die horizontalen und vertikalen Scroll-Bars nach Wunsch einzurichten.

Wir sind überzeugt, daß Sie sehr schnell mit der Bedienung der Workbench vertraut werden, wenn Sie sich erst einmal häufiger mit ihr beschäftigen. Außerdem sei im Fall des Falles immer auf das Hilfesystem verwiesen.

Ein Programm erstellen

Nach so viel Vorrede nun aber endlich mal ans eigentliche Thema: Das Programmieren. Lassen Sie uns zur Einstimmung ein kleines Programm eingeben, den Quell-Text speichern, es kompilieren, linken und ausführen.

Um einen Quell-Text zu editieren, brauchen wir erst einmal ein leeres Fenster. Das erhalten wir durch die Funktion *FILE / NEW*. Im folgenden nennen wir nur noch die benötigte Funktion, beschreiben aber nicht, wie Sie dorthin kommen. Lesen Sie bei Bedarf bitte im vorigen Abschnitt nach.

Das geöffnete Fenster ist mit *untitled.001* bezeichnet. Fangen Sie an, das folgende Listing einzugeben. Wir werden die entstehende Datei *pwb01.c* nennen.

```
// Erstes PWB-Programm

main()
{

  int i1, i2;

// Überschrift
  printf ("Das kleine Einmaleins\n\n      ");

  for (i2=1;i2<=10;i2++)              // Spaltenüberschriften
    printf ("%6i",i2);
  printf ("\n");

  for (i1=1;i1<=10;i1++)              // Die einzelnen Zeilen
  {
    printf ("\n%2i    ",i1);
    for (i2=1;i2<=10;i2++)
      printf ("%6i",i2*i1);
  }
  exit(0);
}
```

Listing 2-1: *Das Programm* pwb01.c.

Der Editor hält sich erfreulicherweise an liebgewordene Konventionen wie
<CTRL N> für das Einfügen einer neuen Zeile vor der aktuellen und
<CTRL Y> für das Löschen der kompletten aktuellen Zeile.

Während des Eingebens wird Ihnen wahrscheinlich aufgefallen sein:

⇨ In der Statuszeile am unteren Rand steht *MP*. Das *M* erscheint in dem Moment
  des ersten Tastendrucks und besagt, daß der Inhalt des Fensters von Ihnen
  modifiziert wurde. Das *P* steht für eine Pseudo-Datei (im Gegensatz zu
  normalen Dateien wie *pwb01.c* wird *untitled.001* von der Workbench nicht
  als richtige Datei anerkannt).

⇨ In der unteren rechten Ecke können Sie stets die Cursorposition relativ zum
  Beginn der Datei ablesen (Zeile / Position).

⇨ Standardmäßig ist der Editor auf eine 'Einzug-Automatik' eingestellt. Wenn
  eine Zeile nicht am linken Rand beginnt und beispielsweise innerhalb eines
  Blocks eingezogen ist, steht der Cursor nach einem *<RETURN>* nicht am
  Beginn der nächsten Zeile, sondern auf der Position des ersten Zeichens in
  der vorigen Zeile. Probieren Sie damit ein wenig herum, es ist ganz praktisch,
  sofern man sich ein wenig um das Aussehen der Quell-Texte kümmert.

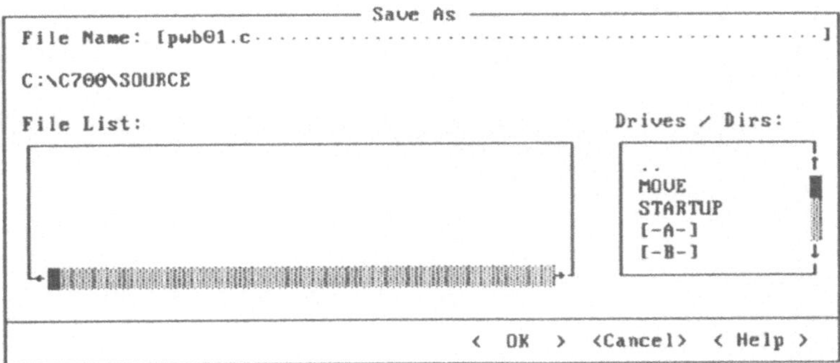

Abbildung 2-8: *Beim Editieren.*

Nach dem Eingeben werden Sie sichern wollen. Rufen Sie hierzu *FILE / SAVE* oder *FILE / SAVE AS* auf. Solange das Fenster keinen korrekten Namen hat, ist die Wirkung die gleiche: Sie werden gefragt, unter welchem Namen der Inhalt des Fensters abgespeichert werden soll.

Sobald dem Text ein gültiger Name zugeordnet ist, wird *FILE / SAVE* ohne Nachfrage ausgeführt. *FILE / SAVE AS* bietet immer die Möglichkeit, eine Datei unter einem anderen Namen zu speichern. **Wichtig**: Sie dürfen sich nicht darauf verlassen, daß die Namenserweiterung *.C* automatisch an den Namen angefügt wird. Sie müssen den Namen komplett angeben! Wenn Sie in unserem Beispiel als Name lediglich *pwb01* eintippen, heißt die Datei genau so. Der Compiler wird im Normalfall diese Datei nicht als Eingabedatei finden.

Abbildung 2-9: *Das Speichern.*

Nun soll das Kompilieren folgen. Vorher kontrollieren wir allerdings, ob alle Einstellungen so sind, wie wir sie erwarten. Bevor wir im nächsten Kapitel auf die einzelnen Einstellungen näher eingehen, sorgen wir erst einmal dafür, daß unser kleines Testprogramm zur Welt kommt.

Ein Hinweis: In Dialogboxen, wie sie jetzt erscheinen, erreichen Sie bestimmte Felder schnell per Tastatur, indem Sie *<ALT>* drücken zusammen mit dem hervorgehobenen Buchstaben des gewünschten Feldes.

Sind die Umgebungsvariablen richtig? Wir hatten uns zu Anfang dieses Kapitels damit befaßt. Wir können sie aber auch innerhalb der Workbench noch einmal verändern, entweder um Fehler zu korrigieren (das sollte dann aber später auch 'draußen' richtiggestellt werden) oder um temporäre Anpassungen vorzunehmen. *OPTIONS / ENVIRONMENT* zeigt uns die aktuellen Einstellungen.

Änderungen erfolgen, indem Sie im unteren Fenster die entsprechende Variable kennzeichnen und damit in das obere Dialogfeld bringen. Dort können Sie Überschreibungen vornehmen, mit *variable=* die Variable löschen oder eine neue Variable anlegen, indem Sie einen neuen Namen benutzen. Alle Buchstaben des Variablennamens werden automatisch in Großbuchstaben umgewandelt. Beenden Sie die Veränderung jeder einzelnen Variable mit *Set Variable*. Die Dialogbox schließen Sie mit *OK*, woraufhin die Änderungen wirksam werden, oder mit *CANCEL*, was die Änderungen verwirft.

Unter *OPTIONS / LANGUAGE OPTIONS* für C kontrollieren wir, ob ein installiertes Speichermodell eingestellt ist. *SMALL* dürfte für unseren Zweck mehr als ausreichen und wird wohl auch zur Verfügung stehen.

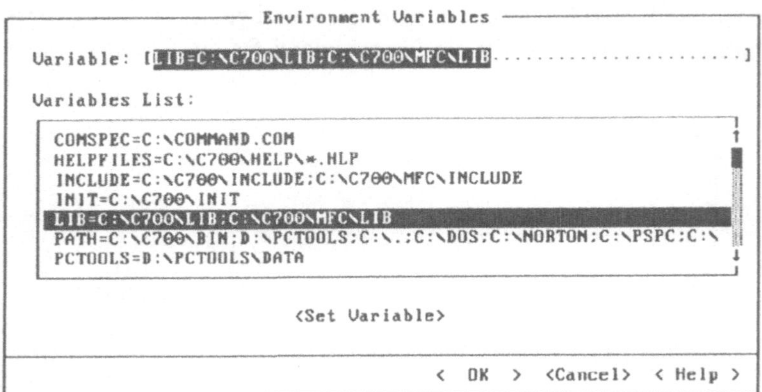

Abbildung 2-10: *Die Umgebungsvariablen...*

Mit *OPTIONS / BUILD OPTIONS* schalten Sie auf die Debug-Optionen. Unter *OPTIONS / PROJECT TEMPLATE* (Untermenü!) wählen Sie *C* und *DOS-EXE*, wie in der folgenden Abbildung gezeigt.

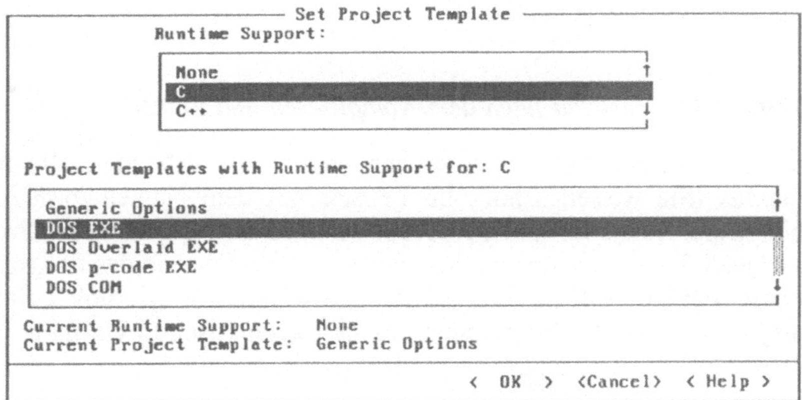

Abbildung 2-11: *Ein Project Template wählen.*

Jetzt geht es aber endlich los mit dem Kompilieren. Diese bisherigen Kontrollen sind im Normalfall nicht nötig, wenn vorher ähnliche Programme verarbeitet wurden. Diese Einstellungen bleiben erhalten.

Interessant wird es jetzt durch Aufruf von *PROJECT / REBUILD ALL*. Da unser Programm neu eingegeben wurde, soll es insgesamt neu gebaut werden. Die weiteren Menüpunkte besprechen wir später.

Je nach Leistungsfähigkeit des Rechners bedarf es einiger Sekunden, und der Quell-Text ist kompiliert und der Object-File gelinkt. Eigentlich sollte kein Fehler auftreten. Hat es geklappt? Die Workbench bietet Ihnen die Wahl zwischen Anschauen der Build-Ergebnisse (durchaus zu empfehlen), Laufenlassen des Programms, Debuggen des Programms und Beenden der Dialogbox. *<ESC>* schließt einfach die Dialogbox, genau wie die Auswahl *CANCEL*.

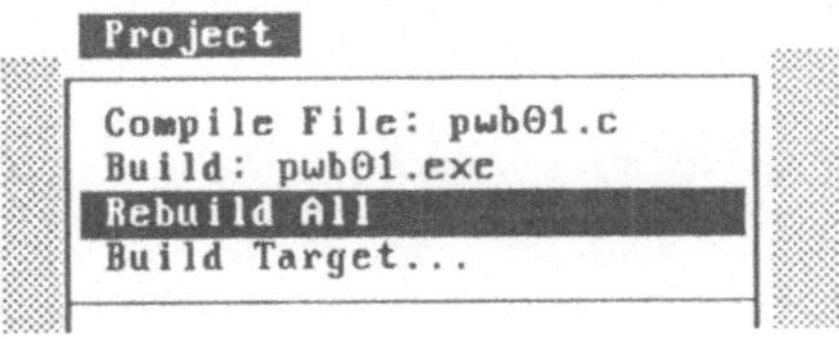

Abbildung 2-12: *Der wichtige Menüpunkt.*

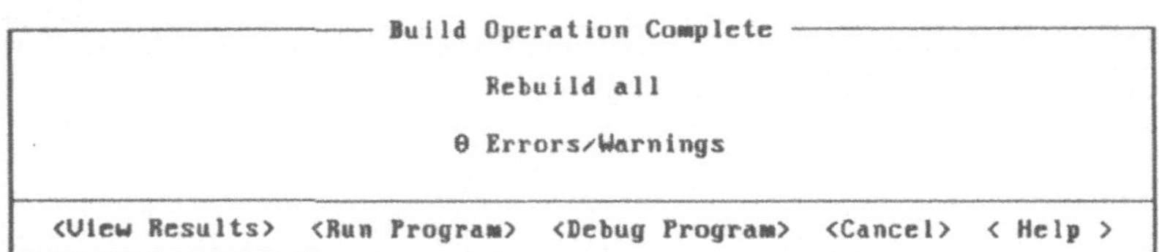

Abbildung 2-13: *Auswahl nach dem Kompilieren und Linken.*

Sollten Fehler aufgetreten sein, so suchen Sie die entsprechende Stelle im Quell-Text heraus (Sie wissen schon, im Fenster mit dem Namen *pwb01.c*), und korrigieren sie. Rufen Sie dann *PROJECT / BUILD* auf. Die Workbench erkennt, daß der Quell-Text geändert wurde, und fragt daraufhin, ob das Programm neu kompiliert werden soll. Ja, das sollten Sie wählen. Wiederholen Sie diesen Vorgang so oft, bis das Programm zumindest syntaktisch in Ordnung ist.

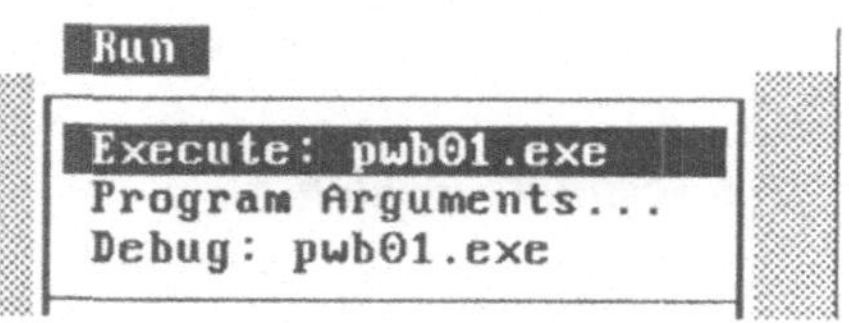

Abbildung 2-14: *Starten des Programms.*

Nachdem Sie *RUN pwb01.exe* aktiviert haben, laufen ein paar Vorgänge ab, um den Status der Workbench zu sichern. Dann startet das Programm.

Nach Beenden des Programms werden Sie aufgefordert, eine beliebige Taste zu drücken. Das ist wörtlich gemeint — mit Mausklick läuft da gar nichts (hier sollte Microsoft mal in sich gehen und eine elegantere Lösung anbieten). Im Normalfall erscheint dann wieder das Bild der Workbench so, wie Sie sie verlassen haben.

Was gehört neben Editieren, Einstellen der Optionen und Ausführen des Programms noch zu einer Session? Richtig: Das Beenden. Wählen Sie entweder *FILE / EXIT*, oder drücken Sie *< ALT F4 >*. Ihre Einstellungen und Fensterinhalte werden gesichert, die Workbench beendet, und es erscheint die Oberfläche, von der aus Sie unsere kleine Exkursion gestartet haben.

Kapitel 3

Die Komponenten der Programmer´s Workbench

Zugegeben: Das Szenario einer Session, wie wir sie im letzten Kapitel gezeigt haben, ist sehr naiv ausgefallen. Wenn Sie sich nur mit solchen Sonntagsfällen herumschlagen müßten, besäßen Sie wahrscheinlich kein Professional Development System. Und es bestünde kein Bedarf an einer Workbench.

Natürlich ist alles wesentlich komplexer. Deshalb stellen wir Ihnen in diesem Kapitel die Funktionsgruppen der Workbench detaillierter vor. Genauer gesagt: Die »serienmäßigen« Komponenten. Denn die Workbench kann von Ihnen erweitert werden um Tools, um selbstgeschriebene Programme, die Sie in das Menü aufnehmen können, um Makros, mit denen Sie der Workbench neue Funktionalität verleihen.

Die Funktionsgruppen sind:

⇨ Editor,

⇨ Help,

⇨ NMAKE, Compiler und Linker,

⇨ Debugger,

⇨ Browser,

⇨ Profiler.

Mehr oder minder bewußt haben Sie die meisten der Funktionsgruppen bereits benutzt: Den Editor zum Schreiben unseres Testprogramms, beim Starten des BUILD-Vorgangs im Hintergrund NMAKE; Compiler und Linker haben sich zu Wort gemeldet. Doch betrachten wir alle Bausteine noch einmal genauer.

Der Editor

Einen der wichtigsten und zentralsten Bausteine der Workbench stellt der Editor dar. Er ist wichtig, weil er durch seine Integration in das Gesamtsystem besondere Vorteile bietet:

⇨ Er orientiert bestimmte Standardeinstellungen daran, für welche Sprache gerade geschrieben wird. Wir befassen uns zwar ausschließlich mit C beziehungsweise C++, doch ist die Workbench ja für fast alle Microsoft-Sprachen gedacht.

⇨ Der Informationsaustausch zwischen Editor und dem Hilfesystem funktioniert reibungslos. Mit Druck auf die rechte Maustaste können Sie zu Begriffen im Textfenster direkt Hilfe holfen. Umgekehrt lassen sich aus dem umfangreichen Hilfesystem Programmbeispiele bequem in den eigenen Source importieren. Wir besprechen das Hilfesystem als nächstes.

Es gibt zum Editor nicht allzuviel zu sagen. Wahrscheinlich sind Sie bereits mit ähnlich arbeitenden Editoren vertraut. Ein paar Punkte wollen wir jedoch hervorheben.

Um eine neue Datei zu editieren, öffnen Sie mit *FILE / NEW* ein leeres Fenster. Dieses ist dann mit *untitled.00x* überschrieben. Das haben wir bereits im letzten Kapitel praktiziert.

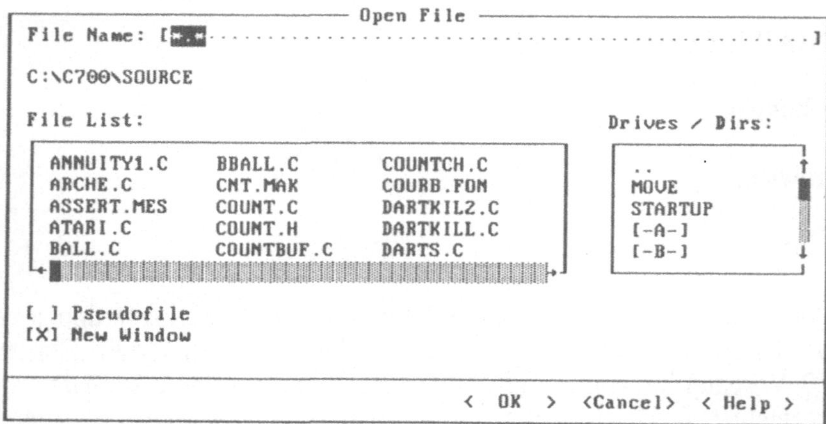

Abbildung 3-1: *Die Datei-Auswahl.*

Wenn Sie eine bestehende Datei in den Editor laden wollen, wählen Sie *FILE / OPEN*. In der erscheinenden Dialogbox wechseln Sie gegebenenfalls das Laufwerk oder das Verzeichnis, navigieren sich zur gewünschten Datei (die Liste der vorhandenen Dateien läßt sich seitwärts scrollen), markieren sie und übernehmen Sie per *<RETURN>*, mit *OK* oder mit Maus-Doppelklick.

Wenn die Standardeinstellung *New Window* aktiv bleibt, wird für die Datei ein neues Fenster geöffnet. Um sie in ein bestehendes Fenster zu laden, schalten Sie die Option aus. Das geschieht, indem Sie den Cursor auf das entsprechende Feld bewegen. Jeder Druck auf die Leertaste schaltet ein solches Feld um. Mit der Maus geht es natürlich auch: Mauszeiger drauf, und die linke Maustaste gedrückt.

Die Option *Pseudofile* ist interessant, wenn Sie eine der internen Dateien der Workbench öffnen und gegebenenfalls bearbeiten wollen. In einer solchen Zwischendatei sind beispielsweise die Ergebnisse des Kompilierens und Linkens gespeichert. Für die wichtigsten dieser Dateien bestehen jedoch bequemere Aufrufmöglichkeiten über Menüs. Wir lassen zu diesem Zeitpunkt die Option außer acht.

Die Workbench unterstützt die Suche nach Dateien. In *FILE / FIND* geben Sie an, nach welcher Datei gesucht werden soll. Die Option *Recursive Search From* bestimmt das Verzeichnis, in dem nach den Dateien gesucht werden soll, inklusive aller Unterverzeichnisse. Ein Punkt steht dabei für das aktuelle Verzeichnis. Mit der Option *Path Search along* definieren Sie einen Suchpfad,

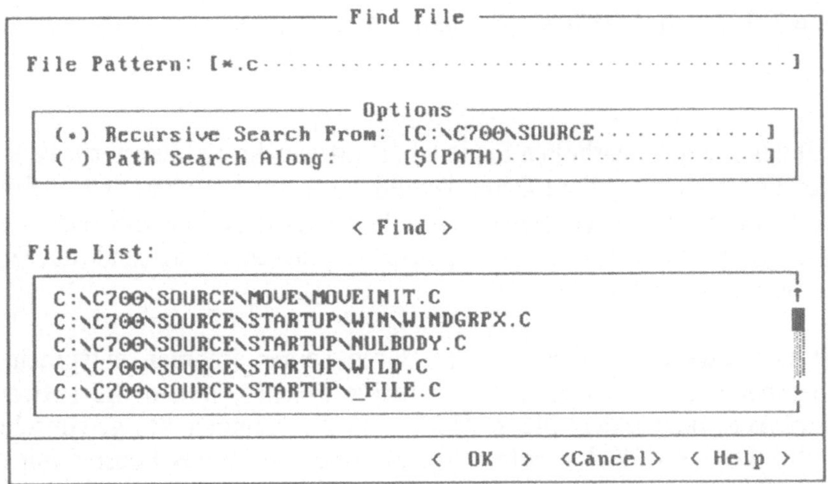

Abbildung 3-2: *Die Eingabe zur Dateisuche.*

in dessen Verzeichnissen gesucht wird. Eine Angabe wie *$(PATH)* besagt, daß die Eintragungen der Umgebungsvariable *PATH* verwendet werden. Sie können ebenso den Namen jeder anderen Umgebungsvariablen verwenden. Denken Sie daran, lediglich Großbuchstaben zu verwenden.

Als Ergebnis der Suche (gestartet über *Find*) entsteht eine Liste. Wählen Sie einen der Einträge, und für die entsprechende Datei wird ein Fenster geöffnet.

Eine andere Art, Dateien schnell auszuwählen, besteht in der Option *FILE / ALL FILES*. Sie zeigt eine Liste aller Dateien, mit der Workbench gerade arbeitet. Das sind neben den in Fenstern geöffneten Dateien auch die sogenannten Pseudo-Files, also die Workbench-internen Dateien zum Speichern von Arbeitsergebnissen, -ständen usw. Auch aus dieser Liste können Sie eine Datei wählen, daraufhin wird für diese Datei ein Fenster geöffnet.

```
┌─────────────────────────── All Files ───────────────────────────┐
│                                                                  │
│  File List:                                                      │
│  ┌────────────────────────────────────────────────────────┐↑    │
│  │ Browser Message Line                                    │     │
│  │ Browser Output                                          │     │
│  │ Build Results                                           │     │
│  │ c:\c700\init\current.sts                                │     │
│  │ c:\c700\init\tools.ini                                  │     │
│  │ Clipboard                                               │↓    │
│  └────────────────────────────────────────────────────────┘     │
│                                                                  │
│          < Close >  <  OK  >   <Cancel>   < Help >               │
└──────────────────────────────────────────────────────────────────┘
```

Abbildung 3-3: *Die Auswahlliste der Option* ALL FILES.

Den Inhalt der Dateien bearbeiten Sie in einem oder mehreren Fenstern. Hierbei kann jedes Fenster eine andere Datei darstellen, es können aber auch mehrere Fenster auf eine einzige Datei zeigen. Das ist beispielsweise dann hilfreich, wenn Sie die Variablen-Deklarationen vor Augen haben müssen, um am Ende der Datei eine Funktion zu schreiben.

Aktiv ist nur jeweils das Fenster, das durch seinen Rahmen entsprechend gekennzeichnet wird. Sie wechseln das aktive Fenster, indem Sie entweder *<F6>* drücken, oder indem Sie *<ALT>* und die Nummer des gewünschten Fensters drücken. *<ALT 3>* zum Beispiel bringt Sie in das Fenster mit der Nummer 3. Oder bewegen Sie den Mauszeiger auf einen beliebigen Bereich des anzuwählenden Fensters, und klicken Sie einmal mit der linken Maustaste.

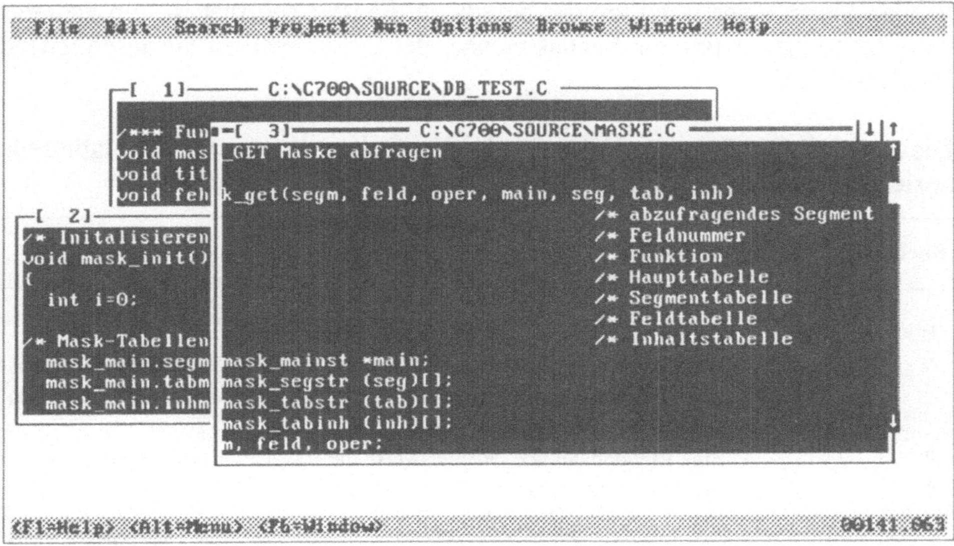

Abbildung 3-4: *Mehrere Fenster sind geöffnet, zwei davon mit derselben Datei.*

Eine Ansammlung von mehreren Fenstern auf dem Bildschirm kann auch, nach mehrmaligem Hin- und Herschieben, unübersichtlich werden. Um wieder Ordnung zu schaffen, können Sie selbst alle Fenster neu anordnen. Schneller und vor allem automatisch geht es mit *WINDOW / CASCADE (<F5>)* oder *WINDOW / TILE (<SHIFT F5>)*.

Ein weitere Variante ist *WINDOW / ARRANGE (<ALT F5>)* Hierbei wird versucht, automatisch eine sinnvolle Anordnung von Quell-Texten und Arbeitsergebnissen herzustellen.

Wenn Sie mehrere unterschiedliche Dateien bearbeiten wollen, öffnen Sie also auf die oben geschilderte Weise mehrere Fenster. Achten Sie darauf, daß die Option *New Window* aktiv ist.

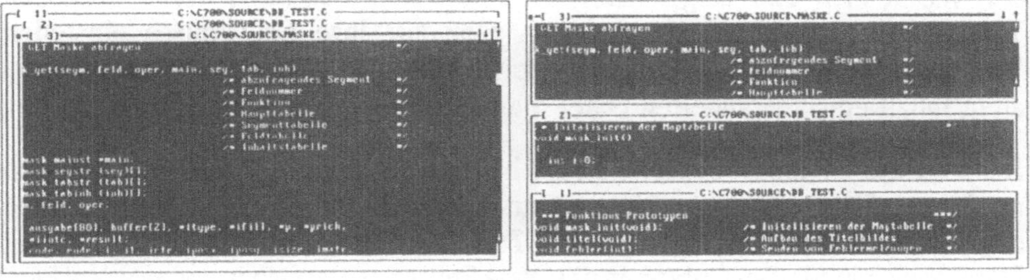

Abbildungen 3-5: *Die Fenster aus Abbildung 3-4 nach* WINDOW / CASCADE *(links) und nach* WINDOW / TILE *(rechts).*

Wollen Sie zu einer Datei, zu der bereits ein Fenster geöffnet ist, ein weiteres einrichten, dann aktivieren Sie das Fenster der Datei. Wählen Sie anschließend *WINDOW / NEW*.

Die Angaben (es können mehrere zur gleichen Zeit erscheinen) in der Statuszeile beziehen sich jeweils auf das aktive Fenster. Sie bedeuten:

Buchstabe	Bedeutung
M	Datei wurde seit dem letzten Sichern verändert.
O	Overtype-Modus: bestehende Zeichen werden überschrieben, nicht vorangeschoben (wie im Insert-Modus, der nicht besonders gekennzeichnet wird.)
P	Eine Pseudodatei wie beispielsweise die Resultate des Kompilierens.
R	Read Only: Datei kann nicht überschrieben werden.
C	Caps Lock ist angeschaltet
N	Num Lock ist angeschaltet.
X	Die Makro-Aufzeichnung ist aktiv.
T	Temporäre Datei, wird nicht in die Liste der bearbeiteten Dateien aufgenommen.
L	Zeilenende wird nur durch Linefeed (ohne Carriage Return) gebildet.
A	Ein Meta Prefix ist aktiv.
B	(OS/2): Hintergrund-Prozeß ist aktiv.

Von besonderer Bedeutung erscheint uns das Merkmal *M*, an dem sich erkennen läßt, ob die Datei verändert wurde.

In der standardmäßigen Einstellung des Editors werden alle Dateiveränderungen automatisch zurückgeschrieben. Das ist recht bequem, kann aber auch zu Problemen führen, wenn die Änderungen nur temporär gedacht waren oder man einfach wegen Übermüdung mit der Nase auf die Tastatur gefallen ist. Im übernächsten Kapitel beschäftigen wir uns mit der individuellen Konfiguration der Workbench und zeigen Ihnen, wie Sie das Verhalten der Workbench, Tastaturbelegungen und Farbpaletten ganz auf Ihre Bedürfnisse einstellen. Vorerst hilft einfach das Aktivieren der *.BAK*-Datei, in der die Workbench den alten Inhalt einer veränderten Datei speichert.

Beim Editieren eines Textes besteht häufig die Notwendigkeit, Textteile zu markieren. Hierzu bewegen Sie den Cursor auf die erste Stelle des zu markierenden Bereiches und setzen mit *EDIT / SET ANCHOR* eine unsichtbare Markierung. Dann bewegen Sie den Cursor an die letzte Stelle des Bereiches und wählen *EDIT / SELECT TO ANCHOR*. Eine andere, schnellere Möglichkeit ist es, die Cursor-Tasten zu benutzen, während Sie < *SHIFT* > gedrückt halten. Mit der Maus geht es noch schneller: Sie bewegen den Mauscursor auf die erste Stelle, drücken die linke Maustaste und halten sie gedrückt, während Sie den Mauszeiger auf die letzte Stelle ziehen. Maustaste loslassen — das funktioniert wie in allen anderen Programmen auch. Üblicherweise werden alle Zeichen zwischen der ersten und der letzten Stelle markiert. Diese Art der Wahl heißt Stream-Mode, da sie sich am Fluß des Textes orientiert.

```
switch(leave)
{
    case 1:  db_def(access(dbdef_fullname,0) ? 1 : 2);
             leave=0;
             break;
    case 2:  lasterr=db_defdel();
             leave=0;
             break;
```

Abbildung 3-6: *Markieren im Stream-Mode.*

Es stehen aber auch noch zwei andere Methoden der Markierung zur Verfügung. Da wäre zuerst der Box-Mode. Sie wählen ihn im Menü *EDIT*.

```
switch(leave)
{
    case 1:  db_def(access(dbdef_fullname,0) ? 1 : 2);
             leave=0;
             break;
    case 2:  lasterr=db_defdel();
             leave=0;
             break;
```

Abbildung 3-7: *Markieren im Box-Mode.*

Als dritte Möglichkeit bietet der Editor den zeilenbezogenen Line-Mode, in dem jeweils ganze Zeilen markiert werden, unabhängig von der Position des Cursors.

```
switch(leave)
{
    case 1:  db_def(access(dbdef_fullname,0) ? 1 : 2);
             leave=0;
             break;
    case 2:  lasterr=db_defdel();
             leave=0;
             break;
```

Abbildung 3-8: *Markieren im Line-Mode.*

Der Modus kann auch nach dem Markieren des Bereiches gewechselt werden. Entweder über die Menüs, oder ganz einfach mit Hilfe der Maus: Während der Bereich markiert ist und Sie die linke Maustaste noch gedrückt haben, drücken Sie einmal kurz die rechte Maustaste. Mit jedem Druck der rechten Maustaste schalten Sie den Modus um. Vielleicht müssen Sie ein wenig probieren, bis es das erste Mal klappt, aber dann ist es eine wunderbare Erleichterung.

Seien Sie vorsichtig, wenn Sie einen Bereich markiert haben. Nach Art der meisten modernen Programme führt der erste Tastendruck dazu, daß der komplette Inhalt durch das gedrückte Zeichen ersetzt wird. Das kann ganz praktisch sein, andererseits können Sie aber auch mit einem Druck auf die Leertaste ein Programm von 2.000 Zeilen löschen. (Ganz richtig, wer so große Sources in einem Stück schreibt, ist selber schuld!) Wenn Sie es gleich bemerken, hilft *EDIT / UNDO* aus der Klemme und rekonstruiert den alten Inhalt.

Das Kopieren eines Textes geschieht, wie üblich, über *EDIT / COPY*, wobei der zu kopierende Bereich markiert sein muß. Dann wird der Cursor auf die Zielposition gesetzt. *EDIT / PASTE* bringt das Ergebnis. Wenn Sie für das *PASTE* einen Bereich markiert haben, so ersetzt der Inhalt des Kopierbereiches den gesamten markierten Bereich. Praktisch, aber Vorsicht ist geboten.

Das Verschieben von Text geschieht wie das Kopieren, nur wählen Sie statt *EDIT / COPY* den Befehl *EDIT / CUT*.

Wenn Sie den Inhalt einer Datei in das bestehende Fenster aufnehmen wollen, also Dateien miteinander mischen, steht Ihnen die Option *FILE / MERGE* zur Verfügung. In einer Dateiauswahlbox bestimmen Sie eine oder mehrere Dateien, die an der aktuellen Cursor-Position in das Fenster eingespielt werden.

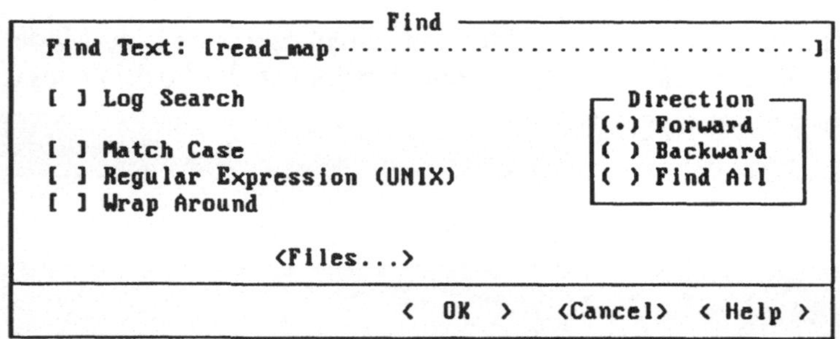

Abbildung 3-9: *Die Such-Dialogbox.*

Ein Hinweis noch, zugleich verbunden mit einer Kritik am Editor: Wer WINDOWS-Programme schreibt, kennt wahrscheinlich das leidige Problem mit den Umlauten, die unter einer DOS-Umgebung (und genau diese finden wir in der Workbench vor) nach dem ANSI-Standard eingegeben werden müssen. Wie schön wäre doch eine Emulations-Option, die aus einem eingetippten *Ü* ein ASCII-Zeichen 220 formt und ein solches Zeichen wie ein *Ü* darstellt.

Suchen und Finden

Das Navigieren in umfangreichen Quell-Texten ist letzten Endes auch nur ein Thema des Editors. Aber da die Workbench hier umfangreiche Möglichkeiten bietet, widmen wir ihm einen eigenen Abschnitt.

Da ist zum ersten der Rat, es im einfachen Falle erst einmal mit dem normalen Blättern zu versuchen, bevor man sich mit besonderen Eingaben oder Suchformeln abgibt. Dieser Rat mag ungewöhnlich erscheinen, ist aber aus der Praxis entstanden.

Natürlich sind die gebotenen Such-, Ersetzungs- und Markierungsfunktionen sinnvoll, und in vielen Fällen werden sie Ihnen helfen, sich in einem komplexen Geflecht von umfangreichen oder weit verbreiteten Dateien zurechtzufinden.

Da ist zum ersten die Suchfunktion über *SEARCH / FIND*. Sie bietet in einer Dialogbox die Möglichkeit, den Suchbegriff zu bestimmen und ganz normal in der Datei im aktiven Fenster zu suchen. Geben Sie im oberen Feld den Suchbegriff ein. Das werden normalerweise genau die Zeichen sein, die Sie auffinden wollen.

Auf die Option *Log Search* gehen wir gleich ein.

Match Case: Spielt Klein- und Großschrift keine Rolle (Standard), oder sollen Buchstaben genau so gesucht werden, wie sie eingegeben wurden (ankreuzen)?

Regular Expression: Sie haben die Möglichkeit, einen Suchbegriff nicht nur direkt einzugeben, sondern nach bestimmten Regeln auch flexibel zu gestalten. Mit diesem Schalter legen Sie fest, daß Sie einen solchen Suchbegriff verwenden. Im übernächsten Kapitel bei den Optionen lernen Sie einzustellen, ob sich der Begriff an den Konventionen von UNIX (Standard) orientiert oder nicht. Hier ein Beispiel: Wenn Sie alle Worte suchen, die mit *pr* beginnen und mit *t* enden, geben Sie als Suchbegriff ein: *pr.*t* und schalten die Option *Regular Expression* an. Sie finden zum Beispiel das Wort *prozent*, aber auch *Preisskat* und *sprintf*.

Wrap Around: Bestimmt, ob Begriffe auch über das Ende einer Datei hinaus zusammengefaßt werden.

Bestimmen Sie die Suchrichtung (von der Cursorposition aus nach vorne oder rückwärts bzw. Suchen aller Fundstellen). Nach *<RETURN>* oder *OK* wird die erste Fundstelle im Text markiert, der Cursor springt dorthin. Mit *SEARCH / NEXT MATCH* bzw. *<F3>* springen Sie zur nächsten Fundstelle, mit *SEARCH / PREVIOUS MATCH* oder *<F4>* zur vorigen.

```
┌───────────────────────── Find ─────────────────────────┐
│ Find Text: [read_map··································]  │
│                                                         │
│  [ ] Log Search                      ┌─ Direction ─┐    │
│                                      │ (•) Forward  │   │
│  [ ] Match Case                      │ ( ) Backward │   │
│  [ ] Regular Expression (UNIX)       │ ( ) Find All │   │
│  [ ] Wrap Around                     └─────────────┘    │
│                                                         │
│                  <Files...>                             │
├─────────────────────────────────────────────────────────┤
│                        <  OK  >  <Cancel>  < Help >     │
└─────────────────────────────────────────────────────────┘
```

Abbildung 3-10: *Die Datei-Auswahlbox zu* Log Search.

Eine Sonderform stellt das Suchen über mehrere Dateien dar. Wählen Sie hierzu
in der *SEARCH / FIND*-Dialogbox die Option *Log Search*. Sie werden dann
aufgefordert, mit einer Datei-Auswahlbox die zu durchsuchenden Dateien zu
bestimmen. Das können einzelne Dateien sein, die Sie markieren und die dann
einzeln in die Liste aufgenommen werden. Solche Eintragungen können Sie auch
wieder aufheben, indem Sie den Namen markieren und *Add / Delete* betätigen
oder dieselbe Datei noch einmal anwählen. *Clear List* löscht die gesamte Liste.
Zur vereinfachten Eingabe läßt sich im oberen Feld auch mit Wildcards arbeiten
(z.B. **.c* für alle C-Quell-Dateien). Diese Angabe wird mit *Add Pattern* in die
Liste der zu durchsuchenden Dateien übernommen.

Wenn die Liste zusammengestellt ist, geht die Suche los. Es ist dabei unerheblich,
ob die zu durchsuchenden Dateien in einem Fenster geöffnet sind oder nicht. Als
Ergebnis steht Ihnen entweder in einem Fenster (*WINDOW / PWB-WINDOWS /
Search Results*) mit allen Suchergebnissen (Dateiname, Zeileninhalt, Position in
der Datei) zur Verfügung, oder Sie können wie auch bei normaler Suche mit
SEARCH / NEXT MATCH beziehungsweise *PREVIOUS MATCH* die Fundstellen
abarbeiten.

```
┌───────────────────────── Replace ────────────────────────┐
│ Find Text:    [read_map······························]     │
│ Replace Text:[lies_maske·····························]     │
│                                                           │
│  [ ] Match Case                     ┌──── Scope ────┐     │
│  [ ] Regular Expression (UNIX)      │ (•) Find and Verify │
│  [ ] Wrap Around                    │ ( ) Replace All │   │
│                                     └───────────────┘     │
│                   <Files...>                              │
├───────────────────────────────────────────────────────────┤
│                         <  OK  >  <Cancel>  < Help >      │
└───────────────────────────────────────────────────────────┘
```

Abbildung 3-11: *Die Dialogbox für das Ersetzen.*

Wenn Sie beim Abarbeiten einer Liste springen wollen und die nächste Fundstelle suchen, die nach der aktuellen Cursorposition liegt, aber nicht unbedingt die nächste Fundstelle in der Liste ist, wählen Sie *SEARCH / GOTO MATCH*.

Die Funktion zum Ersetzen arbeitet in vielen Teilen wie Such-Funktion. Es gibt allerdings keine spezielle Option für *Log Search*. Sie haben die Wahl zwischen vollautomatischem Ersetzen und Nachfrage vor jedem Ersetzen.

Eine weitere recht nützliche Hilfe beim Navigieren bietet die Workbench mit sogenannten Datei-Markierungen. Das ist eine Art von Lesezeichen. Wenn Sie die Markierungen über das Ende der Session hinaus erhalten wollen, öffnen Sie mit *SEARCH / SET MARK FILE* eine spezielle Markierungsdatei. Sind die Markierungen nur temporärer Natur, ist das nicht erforderlich. Die Markierungen werden nicht in der Quell-Datei selber gespeichert, sondern in einer separaten Datei. Wenn Sie in einem Quell-Text eine Stelle erreicht haben, die Sie häufiger aufsuchen müssen oder zu der Sie eine Frage haben, bewegen Sie den Cursor an die entsprechende Stelle und definieren dann mit der Option *SEARCH / DEFINE MARK* eine Marke.

Versehen Sie die Stelle mit einem Namen, der allerdings in einem Stück geschrieben sein muß und keine Leerstellen enthalten darf (ein _ kann Wunder wirken). Kommentare lassen sich nicht dort unterbringen. Der Name muß eindeutig sein (Groß- und Kleinschrift wird dabei unterschieden). Wenn Sie einen Namen ein zweites Mal verwenden, so wird nachgefragt, ob der Eintrag zu dem Namen überschrieben werden soll.

Auf diese Weise können Sie mehrere Ansprungpunkte definieren, und das nicht nur in einer Datei, sondern in mehreren Dateien. Das erleichtert das Navigieren in umfangreichen Projekten.

```
┌────────────────────────── Define Mark ──────────────────────────┐
│ Mark Name:[Schleife_1···································]         │
│                                                                  │
│ File Name:[C:\C700\SOURCE\DB_TEST.C····················]         │
│                                                                  │
│ Row:      [103······]                    Column: [1········]     │
│                                                                  │
│ [X] Add To Mark File                                             │
│                                                                  │
│                         <  OK  >  <Cancel>  < Help >             │
└──────────────────────────────────────────────────────────────────┘
```

Abbildung 3-12: *Die Dialogbox zum Definieren von Marken.*

Um einen dieser Punkte wieder aufzusuchen, rufen Sie *SEARCH / GOTO MARK*
auf und wählen aus der Liste den gewünschten Punkt. Der Cursor wechselt auf
die markierte Stelle.

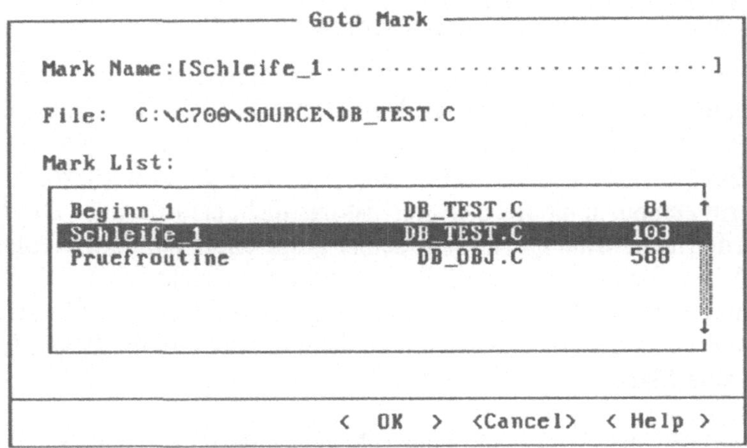

Abbildung 3-13: *Die Liste der gespeicherten Definitionen.*

Gegenüber einer normalen Suche bieten die Markierungs-Dateien unter anderem
den Vorteil, daß Sie auch über das Ende einer Session hinaus gespeichert bleiben.
Allerdings müssen sie mit *SEARCH / SET MARK FILE* zu Beginn der neuen
Session wieder aktiviert werden. Dabei mischen sich die Eintragungen aus der
Datei mit den aktuellen Eintragungen.

Markierungs-Dateien eignen sich leider wenig für den Einsatz in lebenden
Projekten, also gerade in Entwicklung befindlichen Programmen, weil die
gespeicherten Positionen beim Einfügen oder Löschen von Zeilen nicht aktuali-
siert werden. Es kann Ihnen in solchen Fällen also widerfahren, daß die Einträge
Sie an völlig falsche Stellen führen. Schade eigentlich, denn gerade in der
Entwicklungsphase könnte diese Einrichtung recht hilfreich sein.

Aber auch ohne Definition von Sprungmarken ist *SEARCH / GOTO MARK*
nützlich. Um eine bestimmte Zeile aufzusuchen, geben Sie statt des Namens die
Zeilennummer ein.

Advisor — das Hilfesystem

Eine segensreiche Einrichtung ist die Hilfefunktion. Beim Editieren bewegen Sie den Mauszeiger auf einen Begriff, zu dem Sie Informationen benötigen. Klicken Sie mit der rechten Maustaste, und warten Sie einen Moment. Sofern zu dem Begriff ein Hinweis zu finden ist, wird sofort die entsprechende Information gezeigt.

Mit der Tastatur geht das so: Bewegen Sie den Cursor auf den Begriff, zu dem Sie Hilfe wünschen, und drücken Sie dann *<F1>*.

Auch bei der Auswahl in Menüs oder Dialogboxen erhalten Sie Unterstützung.

Was Ihnen dort als Text angeboten wird, stammt aus dem Microsoft *Advisor*. Darunter ist das gesamte Hilfesystem mit seinen Datenbanken zu verstehen — nein, angesichts der immensen Informationsmenge ist der Begriff Hilfesystem nicht angemessen. *Wissens-Datenbank zum Programmieren* paßt da schon besser, läßt sich aber furchtbar schlecht aussprechen.

Der Zugang zur Hilfefunktion kann auf die geschilderte Weise im Editor erfolgen, es gibt aber auch noch andere Wege zur Information. Wählen Sie aus dem Menü *HELP*.

Abbildung 3-14: *Das HELP-Menü.*

Zum Navigieren im Advisor stehen zwei verschiedene Arten von Wegweisern zur Verfügung: *Index* und *Contents* genannt.

Index ist für die Fälle gedacht, in denen Sie den Namen des Begriffes kennen, zu dem Sie Information benötigen. Wählen Sie zuerst die Datenbank. Wir wollen etwas aus dem Themenbereich C / C++ heraussuchen.

```
 ■=[ 1]═══════════════ Help: Microsoft Advisor Indexes ═════════════
                                        ◄Contents►              ◄Back►
   ──Microsoft Advisor──────────────────────────────────────────────

      Edit/Debug Indexes        ◄Programmer's WorkBench►
                                ◄CodeView►
                                ◄Profiler►
                                ◄P-Code►

      Language Indexes          ◄C/C++ Language and Libraries►
                                ◄Assembler►
                                ◄Basic►
                                ◄FORTRAN►
                                ◄COBOL►

      Command Line Indexes      ◄C/C++ Compiler►
                                ◄Macro Assembler►
                                ◄Basic Compiler►
                                ◄FORTRAN Compiler►
                                ◄COBOL Compiler►

      Utilities Indexes         ◄LINK and EXEHDR►
```

Abbildung 3-15: *Auswahl der Datenbank für* Index.

Sie gelangen dann zu einer Indexseite mit allen Begriffen, die mit dem Buchstaben
A beginnen. Alle Punkte auf dieser Seite befassen sich ausschließlich mit dem
Thema der selektierten Datenbank.

Im Textfenster sehen Sie einzelne Worte zwischen Pfeilspitzen. Ein derart
markiertes Wort heißt *Link*.

```
   ◄C/C++ Language and Libraries►
```

Abbildung 3-16: *Ein Link.*

Links sind Symbole für Querverweise im Text zu anderen Themen. Sie können
sie benutzen, indem Sie entweder den Mauszeiger darauf bewegen und mit der
linken Maustaste doppelklicken (welch ein Wort). Zum Verschieben der Markierung mit der Tastatur benutzen Sie *< TAB >* oder *< SHIFT TAB >*, oder Sie
drücken den Anfangsbuchstaben des Links. Die Markierung springt dann auf den
nächsten Link, der mit diesem Buchstaben beginnt. Sie können innerhalb des
Hilfesystems aber auch zu anderen Themen verzweigen, indem Sie einen im
Hilfefenster genannten Begriff entweder mit Doppelklick der linken Maustaste
aufrufen oder den Cursor an seine Stelle bewegen und *< F1 >* drücken.

Aus der Indexseite wählen Sie wie beschrieben einen der Links. Die Indexseite
zu einem anderen Buchstaben können Sie ebenso ansteuern, obwohl die Buchstaben in der Auswahlleiste nicht als Links deutlich gemacht sind (der * steht für alle
Sonderzeichen).

Alle Hilfeseiten enthalten in der Kopfzeile die Links *Up*, *Contents*, *Index*, *Back*. *Up* führt immer eine Ebene höher (also zum Beispiel von einem Text zurück zu dem Index, aus dem er ausgewählt wurde), *Back* oder die Tastenkombination *<SHIFT F1>* immer zur vorigen Seite zurück, unabhängig davon, auf welcher Ebene das war. *Index* und *Contents* führen zu den Sucheinstiegen, die wir gerade beschreiben. *<CTRL F1>* führt zur nächsten Seite, es gibt leider keine entsprechende Maus-Schaltfläche.

Wechseln Sie zur Indexseite des Buchstabens *S*, denn wir möchten auf die Schnelle etwas über *_settextposition* erfahren (der führende Unterstrich wird einfach ignoriert).

```
 =[  1]============= Help: C/C++ Language and Libraries Index =======
                                          ◄Up► ◄Contents► ◄Index► ◄Back►
   —C/C++ Language and Libraries Index————————————————————————

     A B C D E F G H I J K L M N O P Q R S T U V W X-Z

     same_seg                  Set external variables in same-segment pragma
     __saveregs                Save and restore CPU registers
     scan codes                Keyboard scan codes
     scan codes, extended      Manifest constants defining scan codes
     scanf                     Read formatted data from stdin
     SCHAR_...                 Signed char range constants
```

Abbildung 3-17: *Indexseite des Buchstaben S.*

Blättern Sie nun, bis Sie das Thema *_settextposition* sehen. Wählen Sie es aus: Entweder mit dem Mauszeiger und Doppelklick der linken Maustaste oder durch Verschieben der Markierung auf das gewünschte Thema (Achtung, der Cursor muß sich auf einer Position größer als 2 befinden) und anschließendem *<RETURN>*.

```
 =[  1]================ Help: _settextposition ===================
   ◄Description► ◄Example►              ◄Up► ◄Contents► ◄Index► ◄Back►
   ———Run-Time Library——————————————————————————————

   Include:    <graph.h>

   Syntax:     struct _rccoord _settextposition( short row, short column );

   Returns:    the previous text position in an _rccoord structure.

   See also:   _gettextposition, _outtext, _settextcolor, _settextwindow
                          —♦—
```

Abbildung 3-18: *Zusammenfassung zum Thema* _settextposition.

Als erstes erscheint eine Zusammenfassung (Summary) zum gewählten Stich-
wort, bei Befehlen und Funktionen der Sprache eine Syntaxbeschreibung. Und
bedauerlicherweise alles ausschließlich in Englisch. Natürlich ist Englisch unter
Programmierern durchaus üblich. Aber mitunter leidet doch das Verständnis,
wenn komplexe Zusammenhänge erklärt werden. Ob uns Microsoft irgendwann
eine deutsche Übersetzung liefert?

Neben der Zusammenfassung finden Sie unter *Description* eine genauere
Beschreibung der Arbeitsweise eines Befehls.

```
=[  1]                        Help: _settextposition
 ◄Summary► ◄Example►                          ◄Up► ◄Contents► ◄Index► ◄Back►
        Run-Time Library

   The _settextposition function relocates the current text position
   to the display point (<row>, <column>). The _outtext and _outmem
   functions (and standard console I/O routines, such as printf)
   output text at that point. Note that _settextposition does not
   affect the text position for the _outgtext function: use the
   _moveto function instead.

   The text position given by the coordinates (1,1) is defined as the
   upper-left corner of the text window.

   Return Value

   The function returns the previous text position in an _rccoord
   structure (defined in GRAPH.H).
   See: _rccoord

                              -◆-
```

Abbildung 3-19: Description *zum Thema* _settextposition.

Sie sehen am Ende des Textes unter *See:* bzw. *See also*: Hinweise auf verwandte
Themen, hier unter anderem auf *_rccoord*. Doppelklick auf das Wort, oder
Cursor darauf bewegen und < *F1* > drücken.

Aha, denken Sie, das möchte ich gerne einmal auf Papier haben. Mit *FILE / PRINT*
bringen Sie den Hilfetext auf den Drucker. Das ist sehr praktisch und günstiger
als eine einfache Hardcopy, da sich manche Themen über mehr als einen
Bildschirm erstrecken. Leider erscheint nicht in jedem Fall der Titel des Textes
auf dem Papier.

Mit *BACK* gelangen Sie von *_rccoord* zu *_settextposition* zurück. Insbesondere
bei Befehlen und Funktionen finden sich häufig Programmbeispiele. Wählen Sie
den Link *Example*, und Sie sehen einen Programmabschnitt mit der beschriebenen
Funktion oder mitunter sogar ein komplettes Programm. Insofern gleicht die
Hilfefunktion einer riesigen Schatztruhe, die man ruhig einmal systematisch
durchwühlen sollte, um sich Anregungen zu holen.

```
=[ 1]=============================== Help: TEXT.C ===============================
                                           ◄Up► ◄Contents► ◄Index► ◄Back►
    ────Run-Time Library─────────────────────────────────────────────────────

        /* Loop through 8 background colors. */
        for( bgd = O; bgd < 8; bgd++ )
        {
            _setbkcolor( bgd );
            _settextposition( (short)bgd + ((blink / 16) * 9) + 3, 1 );
            _settextcolor( 15 );
            sprintf(buffer, "Back: %d Fore:", bgd );
            _outtext( buffer );

            /* Loop through 16 foreground colors. */
            for( fgd = O; fgd < 16; fgd++ )
            {
                _settextcolor( fgd + blink );
                sprintf( buffer, " %2d ", fgd + blink );
                _outtext( buffer );
```

Abbildung 3-20: *Programmbeispiel zum Thema* _settextposition.

Um das Beispiel selbst einzusetzen oder in Ihren Text zu integrieren, brauchen
Sie es nicht abzutippen. Mit den Funktionen *COPY* (im Hilfe-Fenster) und *PASTE*
(im Fenster Ihrer Datei) können Sie es bequem in Ihre eigene Anwendung
hinüberziehen.

Die Dateinamen der Programmbeispiele (Dateien dieses Namens sind nicht auf
der Festplatte zu finden, es handelt sich um virtuelle Dateien) können innerhalb
der Hilfefunktion auch als Suchbegriff verwendet werden.

Bislang haben wir uns via *Index* dem interessierenden Thema genähert. Uns war
schließlich klar, daß wir *_settextposition* suchten.

Anders sieht es aus, wenn wir zwar wissen, zu welchem Thema wir etwas suchen,
aber den Begriff nicht kennen. Wir wollen etwas über die Ausgabe auf dem
Bildschirm wissen. Wählen wir wieder die Datenbank zum Thema C / C + +. Der
Einstieg heißt jetzt *Contents*, Sie erreichen ihn entweder über das Menü oder
durch < *SHIFT F1* >. *Contents* stellt allerdings nicht nur einen anderen Suchweg
dar als *Index*, sondern bietet auch andere Inhalte: Eher übergreifende Behandlun-
gen zu Themenbereichen. Wenn Sie ein wenig darin herumstöbern, werden Sie
es erkennen.

Wir möchten etwas über das Schreiben auf dem Bildschirm wissen, also wählen
wir aus dem Angebot *Library Functions,* und dort *Full-Screen Text.* Da haben wir
auch schon eine Aufstellung aller relevanten Funktionen. Richtig, fällt es uns ein,
_settextposition haben wir gesucht! Um Näheres darüber zu erfahren, stellen wir
den Cursor auf die entsprechende Position und drücken < *F1* > oder vollziehen

```
■=[ 1]══════════════════════ Help: Microsoft Advisor ═══════════════
                                                         ◄Index► ◄Back►
 ──Microsoft Advisor─────────────────────────────────────────────────

  ┌─Edit/Debug──────────────┐ ┌─Languages────────┐ ┌─Classes, APIs──────┐
  │                         │ │                  │ │                    │
  │ ◄Programmer's WorkBench► │ │ ◄C/C++ Language► │ │ ◄MS Foundation Classes► │
  │ ◄CodeView►              │ │ ◄Run-Time Library► │ │ ◄Windows API►      │
  │ ◄Profiler►             │ │ ◄Assembly►       │ │                    │
  │                         │ │ ◄Basic►          │ │ ◄iostream►         │
  │ ◄P-Code►               │ │ ◄COBOL►          │ │                    │
  │ ◄Errors►               │ │ ◄FORTRAN►        │ │ ◄PWB Extensions►   │
  └─────────────────────────┘ └──────────────────┘ └────────────────────┘

  ┌─Microsoft Utilities─────┐ ┌─Command Line─────┐ ┌────────────────────┐
  │                         │ │                  │ │                    │
  │ ◄LINK►          ◄QH►    │ │ ◄C/C++ Compiler► │ │ ◄Using Help►       │
  │ ◄NMAKE►                │ │ ◄Macro Assembler► │ │                    │
  │ ◄HELPMAKE►             │ │ ◄Basic Compiler► │ │ ◄ASCII Table►      │
  │ ◄LIB►                  │ │ ◄COBOL System►   │ │                    │
  │ ◄Miscellaneous►        │ │ ◄FORTRAN Compiler► │ │                    │
  └─────────────────────────┘ └──────────────────┘ └────────────────────┘
                                      -◆-
```

Abbildung 3-21: *Die Datenbankauswahl für* Contents.

den Doppelklick. Es erscheint die Einzelhilfe zu *_settextposition*, die wir bereits besprochen haben. *Back* führt uns wieder zurück.

Zu den Themen des *Advisors* zählt unter anderem auch das Hilfesystem selber. Wenn Sie also nicht wissen, wie Sie mit dem System umgehen, stehen Ihnen entsprechende Erklärungen zur Verfügung.

```
■=[ 1]═══════════════════ Help: Using Help ═══════════════════════════
                              ◄Up► ◄Contents► ◄Index► ◄Back►
 ──────Microsoft Advisor──────────────────────────────────────────────

  To receive more information on using Help, double-click one of the
  following topics or move the cursor to a topic and press F1:

    ┌─Overview──────────────────────────────────────────────────────┐
    │ ◄Getting into Help►                                           │
    │ ◄Organization of Help►                                        │
    └───────────────────────────────────────────────────────────────┘

    ┌─Getting In and Out of Help──────┐  ┌─Moving Around in Help──────┐
    │ ◄Help on Language Keywords►     │  │ ◄Help Quick Reference►     │
    │ ◄Help on Menu Commands►         │  │ ◄What Is a Link?►          │
    │ ◄Help on Error Messages►        │  │ ◄Example Programs►         │
    │ ◄Help on Dialog Boxes►          │  │ ◄Contents Screens►         │
    │ ◄Help for Topics Not on Screen► │  │ ◄Using the Index►          │
    │ ◄Closing a Help Window►         │  │                            │
    └─────────────────────────────────┘  └────────────────────────────┘

    See: ◄Typographic Conventions►
         ◄Copyright Information►
```

Abbildung 3-22: *Die Themen der Hilfe zur Hilfe.*

Sie können im Hilfesystem eine globale Suche nach einem bestimmten Thema starten. Hierzu dient *HELP / GLOBAL SEARCH*.

```
┌──────────────────── Global Search ────────────────────┐
│                                                         │
│   Find Text: [_settextposition················]        │
│                                                         │
│   [ ] Match Case                                        │
│                                                         │
│   [ ] Regular Expression  (UNIX)                        │
├─────────────────────────────────────────────────────────┤
│              < OK  >  <Cancel>  < Help >                │
└─────────────────────────────────────────────────────────┘
```

Abbildung 3-23: *Die Dialogbox zu* Global Search.

Sie haben auch hier — wie bei der Suche im Editor — die Möglichkeit, sogenannte *Regular Expressions* einzusetzen. Formulieren Sie Ihren Suchbegriff, und starten Sie. Es werden nacheinander alle Datenbanken durchsucht, und zwar komplett, also nicht nur die Indizes, sondern alle Inhalte. Eine Box informiert Sie über den Fortschritt beim Suchen.Dieser Vorgang kann selbst auf schnellen Rechnern eine ganze Weile dauern, jedoch läßt er sich abbrechen, wenn Sie der Meinung sind, daß keine sinnvollen Fundstellen mehr auftreten. Da die Suche in der aktuellen Datenbank beginnt, sollten Sie nach Möglichkeit zuerst über *Contents* die relevanteste Datenbank wählen.

Als Ergebnis entsteht eine Liste der Fundstellen. Diese können Sie nacheinander auswählen und abarbeiten.

```
■=[  1]═══════════ Help: Search Results: _settextposition ═══════
│WPRINTF.C [clang.hlp]
│Full-Screen Text Functions [clang.hlp]
│Active and Visual Page Functions [clang.hlp]
│_getcurrentposition Functions [clang.hlp]
│_grstatus [clang.hlp!_GROK]
│_moveto, _moveto_w [clang.hlp]
│_outgtext [clang.hlp]
│_settextposition [clang.hlp]
│ANIMATE.C [clang.hlp]
│ASCII.C [clang.hlp]
│CGAPAL.C [clang.hlp]
```

Abbildung 3-24: *Eine Liste mit Fundstellen.*

Nach soviel Umgang mit dem Hilfesystem möchten Sie irgendwann vielleicht auch weiterarbeiten. Die Fenster des Hilfesystems sind Workbench-Fenster wie andere auch, sie lassen sich also auf die bekannte Weise wechseln, verändern oder löschen. Hinzu kommt die Möglichkeit, die Hilfefunktion mit *<ESC>* schnell zu verlassen.

Von NMAKE, Compiler und Linker

Nachdem wir uns mit dem Editor und — damit Sie es sinnvoll einsetzen können — dem Hilfesystem *Advisor* beschäftigt haben, kommen wir nun zum funktionalen Kern der Workbench. Wir betrachten die Komponenten, die aus dem Quell-Text ein lauffähiges Programm entstehen lassen.

Der Weg führt über den Compiler und den Linker zum ausführbaren Modul oder über *Lib* zur selbstgeschriebenen Bibliothek. Windows-Programmierung erfordert zusätzliche Schritte. All diese Einzelkomponenten werden aufgerufen und erhalten dabei als Parameter wichtige Informationen. Neben dem Namen der zu verarbeitenden Datei gehören beispielsweise für den Compiler Angaben über das Speichermodell, den gewünschten Grad der Optimierung und gegebenenfalls abweichende Namen der Ziel-Dateien dazu.

Wir wollen hier nicht die ganze Liste der möglichen Parameter für Compiler und Linker aufführen. Einer der wichtigsten Effekte der Workbench ist, daß Sie sich diese teils kryptischen Kürzel zum allergrößten Teil durch einfaches Auswählen von Optionen in Dialogboxen ersparen können. Grundsätzlich sollten Sie sich dennoch mit der Bedeutung der einzelnen Parameter vertraut machen, Bequemlichkeit muß ja nicht in Ignoranz ausarten.

Sie kennen sicher das Arbeiten mit Make-Dateien. Derartige Dateien beschreiben die Abhängigkeit einer oder mehrerer zu erstellender Ziel-Dateien von anderen Dateien (beispielsweise entsteht zuerst die Objekt-Datei, aus der Objekt-Datei das lauffähige Programm), den Quell-Dateien. Zum Erstellen der endgültigen Ziel-Datei wird nun das Make-Utility mit der Make-Datei als Eingabe aufgerufen. Das Utility steuert seinerseits alle erforderlichen Aktionen zum Erstellen der einzel-

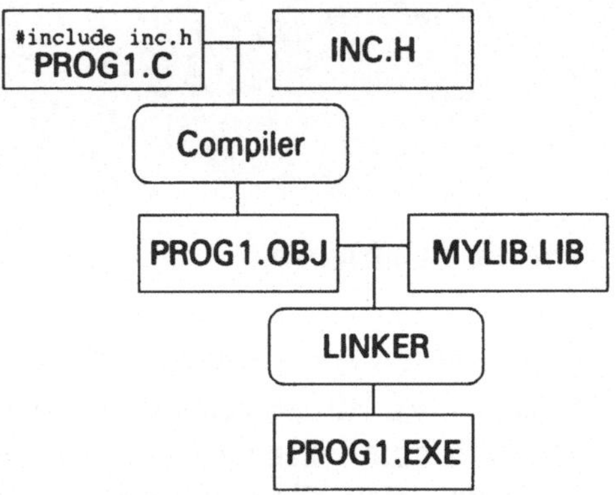

Abbildung 3-25: *Die Abhängigkeiten von Dateien in einem einfachen Beispiel.*

nen Ziel-Dateien. Um etwa eine Objekt-Datei aufzubauen, wird der Compiler mit dem Quell-Text als Eingabe gestartet. Bei diesen Aktionen erkennt das Utility anhand der Zeitmarkierungen der einzelnen Dateien, was erneuert werden muß und welche Arbeitsschritte man sich sparen kann. Ist zum Beispiel die Objekt-Datei jünger als der Quell-Text, so besteht kein Bedarf, den Compiler zu starten. Anderenfalls wurde eine Veränderung am Quell-Text vorgenommen, und so wird erst einmal die Objekt-Datei aktualisiert.

```
prog1.obj: prog1.c inc.h
      CL /c prog1.c

prog1.exe: prog1.obj mylib.lib
      LINK prog1..obj,,,mylib.lib
```

Abbildung 3-26: *Die Abhängigkeiten in der Syntax einer Make-Datei.*

Das ab Version 6 des Microsoft C-Compilers ausgelieferte Utility heißt nicht mehr *MAKE*, sondern *NMAKE* (das *N* steht für New). *NMAKE* läßt sich außerhalb der Workbench, etwa von der DOS-Ebene aus, ebenso einsetzen wie das bisherige *MAKE*, bietet aber einige zusätzliche Möglichkeiten, was sich auch in einer erweiterten Syntax niederschlägt.

Die Workbench nutzt ihrerseits ebenfalls das Utility *NMAKE* zum Erstellen des Programms und erzeugt eine *NMAKE*-Datei. Der Vorteil gegenüber selbst erstellten Steuer-Dateien liegt auf der Hand: Sie brauchen sich nicht mit der Syntax des *NMAKE* und den Aufrufparametern der einzelnen Utilities herumzuschlagen. Alle von Ihnen gewählten Optionen fließen in die *NMAKE*-Datei ein.

Wir wollen nicht verschweigen, daß in ganz besonderen Fällen Veränderungen der *NMAKE*-Datei erforderlich sein können, die sich über die Dialogboxen nicht herbeiführen lassen. Dann können Sie hier manuell eingreifen. Das Thema wäre jedoch verfrüht, Sie sollten nur wissen, daß die Möglichkeit besteht.

Sie können in der Workbench unterschiedliche Gruppen von Optionen einstellen. Da sind zum einen diejenigen, die für ein Programm quasi konstant sind: Das Speichermodell (*SMALL*, *COMPACT* etc.), oder die Projekt-Schablone, oder wie es in der Workbench heißt, die *Project Template* (was will ich erstellen, DOS-EXE, eine Library etc.) Diese Einstellungen sind die sogenannten *Global Options*.

Ferner können für jedes Programm zwei unterschiedliche Gruppen von Einstellungen gewählt werden: die erste heißt *Debug Options*, die zweite *Release Options*. Beide Gruppen von Optionen befassen sich mit denselben Schaltern und Parametern.

Der Sinn dieser zwei getrennten Gruppen: Solange Sie ein Programm entwickeln, ist es erforderlich, daß Sie volle Debugger-Unterstützung haben, daß durch den Compiler wenig optimiert wird etc. Verwenden Sie dazu die *Debug*-Options. Ist das Produkt dann fertig, wird es zur Auslieferung noch einmal erstellt, diesmal ohne das Einbinden von Debugger-Informationen, dafür aber wahrscheinlich maximal optimiert.

Sie legen dementsprechend zu Beginn der Arbeit sowohl die *Debug*- wie auch die *Release*-Optionen fest und brauchen dann nur mit einem Schalter zu wählen, welchen der Sätze Sie nun verwenden wollen.

Wir haben Sie im vorigen Kapitel ja schon durch einige Optionen geschickt, um zu kontrollieren, ob die Workbench überhaupt arbeitsfähig eingestellt ist. Doch nun zu den Einstellungen im einzelnen. Die wichtigsten finden Sie im Menü *OPTIONS*. Wenn im folgenden von Projekten gesprochen wird, so ist das ein Vorgriff auf das, womit wir uns im nächsten Kapitel beschäftigen.

Unter *OPTIONS / PROJECT TEMPLATES* wählen Sie *SET PROJECT TEMPLA-TE*. Die erscheinende Dialogbox bietet neben dem Runtime Support für *C* und *C++* (und gegebenenfalls weitere Sprachen) eine Auswahl an vordefinierten *Project Templates*. Wir beschreiben Sie kurz.

Generic options: Erzeugt eine Ziel-Datei nach den Standardannahmen aller am Prozeß beteiligten Utilities. Enthält keine speziellen Optionen und fügt keine speziellen Laufzeitbibliotheken hinzu.

DOS EXE: Erzeugt eine unter MS-DOS ausführbare *EXE*-Datei.

DOS Overlaid EXE: Erzeugt eine unter MS-DOS ausführbare Datei, die das *Microsoft Overlay Virtual Environment (MOVE)* nutzt. Für Programme mit dem *Microsoft Static Overlay Manager* können Sie jedoch keine PWB-Projekte einsetzen, ein Non-PWB-Project ist erforderlich.

DOS p-Code EXE: Erzeugt eine unter MS-DOS ausführbare *EXE*-Datei im gepackten p-Code. Der p-Code-Interpreter wird automatisch in das Pro-gramm eingebunden.

DOS COM: Erzeugt eine unter MS-DOS ausführbare *COM*-Datei, ein Programm im Speichermodell *TINY*. Für diese Einstellung dürfen Sie das Speichermo-dell nicht verändern. Wenn Ihr Programm für das Speichermodell *TINY* zu umfangreich wird, müssen Sie zu *DOS EXE* wechseln. Vergessen Sie nicht, eine eventuell schon bestehende *COM*-Datei gleichen Namens zu löschen, da sie von DOS immer vor der *EXE*-Datei ausgeführt wird.

Library: Erzeugt aus Objekt-Modulen eine Bibliothek. Die Quell-Texte nehmen Sie in die Projektliste auf.

WINDOWS EXE: Erzeugt eine Anwendung für WINDOWS. Bei allen WIN-DOWS-*Templates* können Sie den Source für den Resource Compiler (.*RC*), die Resource Files (.*RES*) und die Modul-Definition (.*DEF*) mit in die Projektliste aufnehmen.

WINDOWS QuickWin EXE: Erzeugt mit Hilfe der *QuickWin*-Bibliothek aus einem DOS-Programm eine WINDOWS-Anwendung.

WINDOWS p-Code EXE: Erzeugt eine WINDOWS-Anwendung als p-Code.

WINDOWS DLL: Erzeugt eine *Dynamic Link Library* für WINDOWS.

DOS PWB-Extension: Erzeugt eine Erweiterung für die Workbench (.*MXT*). Wir gehen im übernächsten Kapitel darauf ein.

Wählen Sie das für Ihre Anwendung passende *Template*. Sie können auch für bestimmte Anwendungen eigene *Templates* entwickeln, entweder ganz neu oder als leichte Variationen zu einem der bestehenden *Templates*. Beenden Sie Ihre Wahl mit *OK*.

Als nächstes befassen wir uns mit den Compiler-Optionen oder auch *Language Options*. Wählen Sie die Optionen für die verwendete Sprache. Es erscheint eine Dialogbox. Sie ist für *C* und *C++* gleich.

Sie haben die Wahl unter verschiedenen *Memory Models*. Öffnen Sie die Combo-Box durch Anklicken des Pfeils nach unten oder mit der Tastatur über *<ALT Cursor nach unten>*. Mit der letzten Option *Customize* können Sie bei Bedarf ein nicht standardisiertes Speichermodell speziell für Ihre Anwendung festlegen. Während Sie in der Dialogbox einzelne Optionen an- bzw. ausschalten, erscheint zur Kontrolle die Parameterleiste, die die Workbench aus Ihren Angaben formt.

Die weiteren Parameter lassen sich auf ähnliche Weise ansteuern: Prozessor-Typ, Aufruf-Konventionen und den *Warning Level*, den wir immer recht hoch setzen, um möglichst saubere Programme zu schreiben.

Die genannten Punkte sind die globalen Optionen und immer gültig, unabhängig davon, ob Sie mit *Debug-* oder *Release*-Optionen arbeiten. Sollten diese Einstellmöglichkeiten nicht ausreichen, können Sie unter *Additional Global Options* weitere Parameter für den Compiler vorgeben.

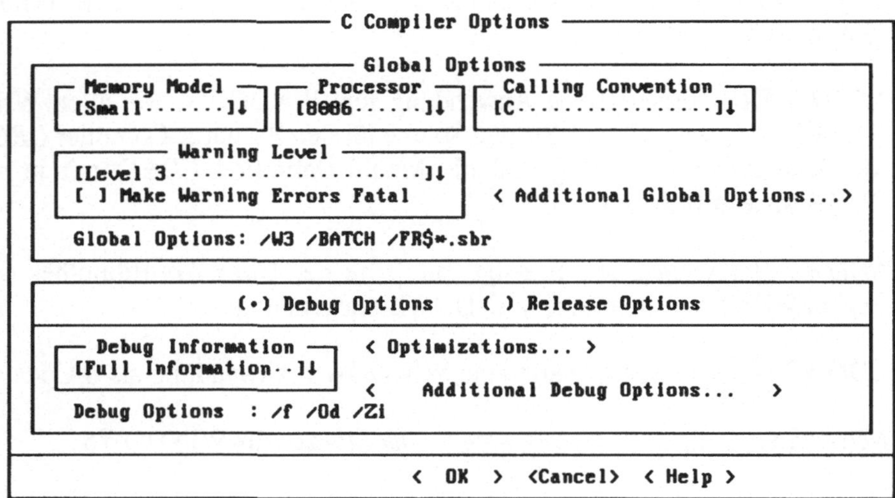

Abbildung 3-27: *Die Dialogbox für die Compiler-Optionen.*

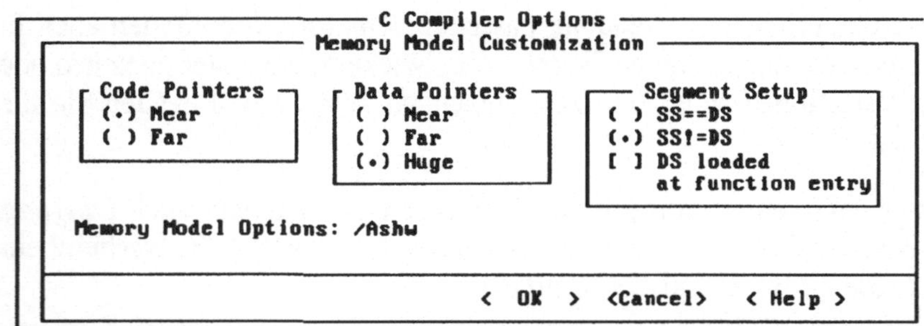

Abbildung 3-28: *Die Dialogbox zum Maßschneidern des Speichermodells.*

C Compiler Options
Additional Global Options
Windows Entry/Exit Code
(•) None
( ) Protected-Mode Application
( ) Protected-Mode DLL
Language
( ) Ansi C
(•) MS Extensions
[ ] Use MFC Libraries
[ ] Use Pre-compiled Header: Include File [··················]
[ ] Enable Function Level Linking
Defines   [·································]
Additional Include Paths [···························]
Additional Options   [/BATCH /FR$*.sbr···················]
< OK > <Cancel> < Help >

Abbildung 3-29: *Zusätzliche Globale Compiler-Optionen.*

So können Sie zum Beispiel zwischen den Sprachstandards *ANSI C* und den *MS Extensions* wählen, weitere Angaben zu Zugriffspfaden machen oder zusätzliche Optionen angeben. Bei detaillierten Fragen hierzu sollten Sie die Dokumentation zum Compiler lesen.

Der untere Abschnitt der Dialogbox zu den Compiler-Optionen ist variabel: je nach Stellung des Schalters wird die *Debug-* oder die *Release*-Version der Optionen angezeigt. Sie wechseln von einer Einstellung zur anderen, indem Sie einfach den gewünschten Punkt anwählen.

Für die *Debug*-Version sollten Sie volle Debugger-Unterstützung wählen und für die *Release*-Version auf den Debugger ganz verzichten. Sie können auch für jeden dieser Zweige unterschiedliche Grade die Optimierung wählen.

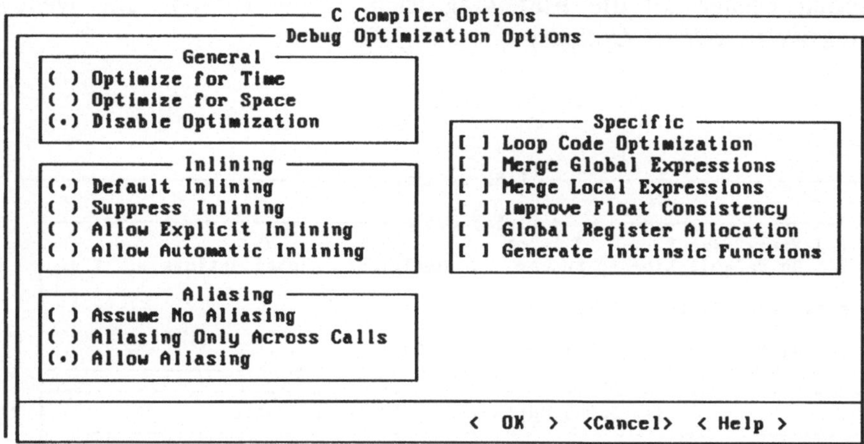

Abbildung 3-30: *Die Dialogbox zur Wahl der Optimierung.*

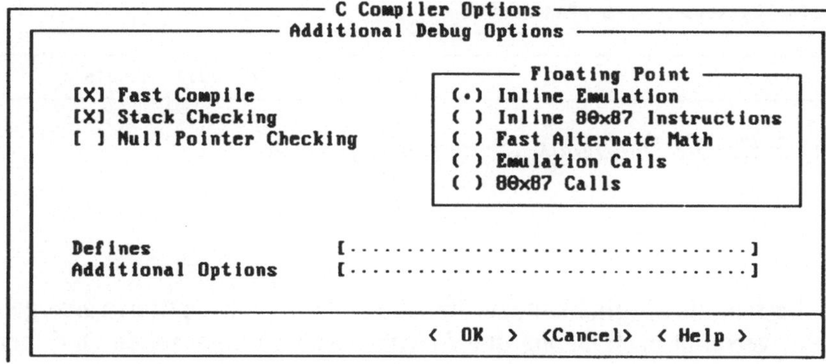

Abbildung 3-31: *Eingabemöglichkeit für zusätzliche Optionen, je einmal für* Debug *und* Release.

Wir wollen die Optionen hier nicht im einzelnen besprechen (wieder der Hinweis auf die Dokumentation des Compilers), aber erwähnen, daß sich die Optimierung auch über entsprechende *#pragma*-Eintragungen im Quell-Text beeinflussen läßt. Die *#pragma*-Anweisungen übersteuern die in der Workbench gesetzten Optionen an den Stellen, für die sie gültig sind.

Sie haben weiterhin die Möglichkeit, jeweils für die *Debug-* und die *Release-*Version zusätzliche Optionen anzugeben.

Soviel zu den Compiler-Optionen. Wenn Sie alle gewünschten Einstellungen getroffen haben, beenden Sie mit *OK* und rufen als nächstes die Optionen für den Linker auf.

Wir treffen wieder auf die Aufteilung nach *Global Options* und *Debug-* beziehungsweise *Release-Options*.

```
┌──────────────────────── LINK Options ─────────────────────────┐
│  ┌──────────────────────── Global Options ──────────────────┐ │
│  │ [ ] Stack Size [········] bytes                          │ │
│  │ [ ] No Default Library Search   < Additional Global Options... > │ │
│  │                                                          │ │
│  │ Additional Global Libraries   [·························] │ │
│  │                                                          │ │
│  │ Global Options: /NOI /BATCH /ONERROR:NOEXE               │ │
│  └──────────────────────────────────────────────────────────┘ │
│  ┌──────────────────────────────────────────────────────────┐ │
│  │          (•) Debug Options      ( ) Release Options      │ │
│  │ [X] CodeView                                             │ │
│  │ [ ] Incremental Link            <   Additional Debug Options... > │ │
│  │                                                          │ │
│  │ Additional Debug Libraries    [·························] │ │
│  │ Debug Options  : /CO /FAR /PACKC                         │ │
│  └──────────────────────────────────────────────────────────┘ │
│                          < OK  >  <Cancel>  < Help >          │
└───────────────────────────────────────────────────────────────┘
```

Abbildung 3-32: *Die Dialogbox für die Link-Optionen.*

Auch hier besteht die Möglichkeit, zusätzliche globale Link-Optionen anzugeben und ebenso, getrennt nach *Debug* und *Release,* weitere ergänzende Optionen.

Hinweise zu diesen Optionen finden Sie in der Dokumentation zum Compiler und Linker. Beenden Sie die Eingabe der LINK-Optionen mit *OK*.

```
┌──────────────────────────────── LINK Options ─────────────────────────────┐
│ ┌─────────────────────── Additional Global LINK Options ───────────────────┐│
│ │                                                                          ││
│ │  [X] No Ignore Case                                                      ││
│ │  [ ] No Extended Dictionary in Library                                  ││
│ │                                                                          ││
│ │  Additional Global Options   [/BATCH /ONERROR:NOEXE··········]           ││
│ │                                                                          ││
│ ├──────────────────────────────────────────────────────────────────────────┤│
│ │                                    <  OK  >  <Cancel>  < Help >          ││
│ └──────────────────────────────────────────────────────────────────────────┘│
└────────────────────────────────────────────────────────────────────────────┘
```

Abbildung 3-33: *Zusätzliche globale Link-Optionen.*

```
┌──────────────────────────────── LINK Options ─────────────────────────────┐
│ ┌─────────────────────── Additional Debug Options ─────────────────────┐    │
│ │                                                  ┌─ Map File ─┐       │
│ │  [ ] Pack Executable File                        │ (•) None    │      │
│ │  [X] Translate Intrasegment Far Calls            │ ( ) Standard│      │
│ │                                                  │ ( ) Full    │      │
│ │  [X] Pack Code Segments     Limit: [65499·]      └────────────┘       │
│ │  [ ] Pack Data Segments     Limit: [······]                           │
│ │  [X] Remove Unreferenced Functions                                    │
│ │                                                                       │
│ │  [ ] Generate Overlays: Limit of Interoverlay Calls [······]          │
│ │                                                                       │
│ │  Additional Debug Options    [·································]         │
│ │                                                                       │
│ ├───────────────────────────────────────────────────────────────────────┤
│ │                                    <  OK  >  <Cancel>  < Help >        │
│ └───────────────────────────────────────────────────────────────────────┘
└────────────────────────────────────────────────────────────────────────────┘
```

Abbildung 3-34: *Zusätzliche Link-Optionen für* Debug *beziehungsweise* Release.

Nun wollen wir auch die Workbench-Möglichkeit des Browsens nutzen. Noch haben wir uns damit gar nicht befaßt. Aber um später damit arbeiten zu können, muß die *Browse*-Option während des Erstellens aktiviert sein.

```
┌──────────────────────────────── Browse Options ───────────────────────────┐
│                                                                            │
│  [X] Generate Browse Information                                           │
│                                                                            │
│  [ ] Exclude Macro Expanded Symbols                                        │
│  [ ] Exclude System Include Files                                          │
│  [ ] Include Unreferenced Symbols                                          │
│  [X] Pack .SBR files                                                       │
│                                                                            │
│  Additional Options   [ /o $(PROJ).bsc······················]              │
│                                                                            │
│  < Exclude Files... >                                                      │
│                                                                            │
├────────────────────────────────────────────────────────────────────────────┤
│                                    <  OK  >  <Cancel>  < Help >             │
└────────────────────────────────────────────────────────────────────────────┘
```

Abbildung 3-35: *Die Browse-Optionen.*

Schalten Sie unter *OPTIONS / BROWSE OPTIONS* gegebenenfalls *Generate Browse Information* an, die anderen Einstellungen können Sie erst einmal unverändert belassen. Beenden Sie mit *OK*.

Auch für *NMAKE* können Sie Optionen einstellen. Die Dialogbox erreichen Sie über *OPTIONS / NMAKE OPTIONS*.

```
┌─────────────────────── NMAKE Options ───────────────────────┐
│                                                             │
│       ┌───────────── Error Significance ─────────────┐      │
│       │ (•) Halt on Any Errors                       │      │
│       │ ( ) Continue Building Unrelated Targets on Error │  │
│       │ ( ) Ignore All Errors                        │      │
│       └──────────────────────────────────────────────┘      │
│                                                             │
│       ┌───────────── Time-Stamp Comparison ──────────┐      │
│       │ (•) Update if Dependent Later than Target     │     │
│       │ ( ) Update if Dependent Later than or Equal to Target │ │
│       └──────────────────────────────────────────────┘      │
│                                                             │
│       ┌───────────────── Memory Usage ───────────────┐      │
│       │ (•) EMS / XMS / Disk                         │      │
│       │ ( ) Disk Only                                │      │
│       └──────────────────────────────────────────────┘      │
│                                                             │
│       [ ] Inherit All Macros when Recursing                 │
│                                                             │
│       Additional Options: [·····························]    │
│                                                             │
│       Options:                                              │
│                                                             │
│              <  OK  >   <Cancel>   < Help >                 │
└─────────────────────────────────────────────────────────────┘
```

Abbildung 3-36: *Die Dialog-Box zu den NMAKE-Optionen.*

Mit *Error Significance* bestimmen Sie, wie sich Fehler in den Arbeitsschritten auf den gesamten Ablauf auswirken. *Halt on Any Errors* bewirkt, daß jeder Fehler zu einem Abbruch führt. Bei *Continue Building* hingegen werden alle Schritte, die nicht von dem Fehler betroffen sind, trotzdem ausgeführt. *Ignore All Errors* geht sogar noch weiter: Trotz auftretender Fehler wird die komplette *NMAKE*-Datei abgearbeitet.

Mit der Option *Time Stamp Comparison* bewirken Sie, daß beim Vergleich der Zeitmarken zweier Dateien auch dann die Ziel-Datei neu erstellt wird, wenn beide Zeitmarken gleich sind. Diese Option kann auf sehr schnellen Rechnern notwendig werden, bei denen einzelne Verarbeitungsschritte unterhalb der erfaßbaren Zeitspanne liegen und wo deshalb erneuerungsbedürftige Dateien nicht aktualisiert werden.

Während des Abarbeitens der Steuerdatei lagert sich *NMAKE* aus dem konventionellen Speicher des Rechners aus, nach Möglichkeit in Extended Memory (sofern genügend vorhanden) oder in das Expanded Memory. Dritte Wahl schließlich ist die Festplatte. *Memory Usage* bestimmt, ob ausschließlich die

Festplatte als Auslagerungsspeicher zu verwenden ist. Sofern nicht zwingende Gründe hierfür vorliegen, sollten Sie aus Geschwindigkeitsgründen Extended / Expanded Memory den Vorzug geben.

Bei rekursivem Aufruf von *NMAKE* können Makros nicht nur dort bekannt sein, wo sie definiert wurden, sondern aufgrund der Option *Inherit All Macros When Recursing* auch in allen anderen Instanzen.

Zum Schluß sollten Sie noch unter *OPTIONS / BUILD OPTIONS* die Wahl treffen, ob Sie als nächstes mit den *Debug-* oder die *Release*-Informationen arbeiten.

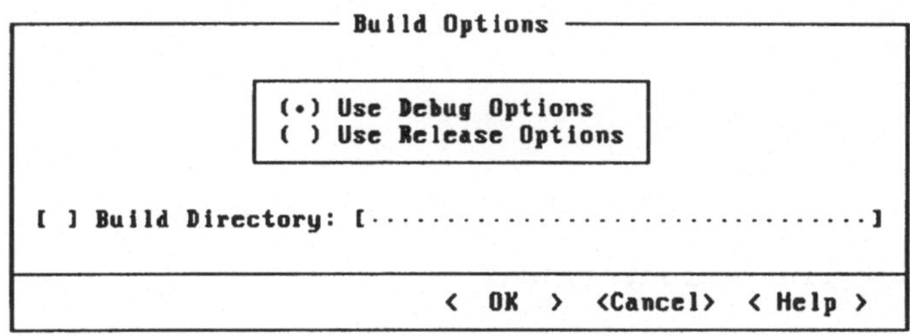

Abbildung 3-37: *Die Wahl zwischen* Debug- *und* Release-*Optionen.*

In dem Feld *Build Directory* können Sie ein Verzeichnis angeben, in das die Objekt- und die ausführbaren Dateien geschrieben werden. Ohne Angabe landen sie im aktuellen Verzeichnis, wahrscheinlich *C700\SOURCE*.

Schalten Sie fürs erste auf *Debug*-Optionen.

Ein zweites Programm

Mit einem zweiten kleinen Programm wollen wir wieder etwas Praxis schnuppern. Es soll *pwb02f.c* heißen, das *f* bedeutet, daß wir — absichtlich — in den Text ein paar Fehler eingebaut haben.

Gehen Sie für das Eingeben des Programms so vor, wie Sie es auch im letzten Kapitel getan haben. Vergessen Sie nicht, zwischendurch einmal zu sichern.

Das Testprogramm wird, wenn Sie es dann zum Laufen bringen, einen vorgegebenen Parameter als Datei-Matchcode verwenden, Standardannahme ist *.*. Mit diesem Matchcode werden die Dateinamen des aktuellen Verzeichnisses ausgelesen und angezeigt und zum Schluß Anzahl, Gesamtvolumen und arithmetisches

Mittel der Größe aller gezeigten Dateien ausgewiesen. Beurteilen Sie hierbei nicht Aufwand und Zweck des Unternehmens; auch die Unterteilung in Funktionen ist gemessen am Ziel etwas überstrapaziert. Doch möchten wir Ihnen später etwas im Zusammenhang mit dem Debugger und dem Browser zeigen, und dafür ist es angebracht, wenn bei geringem Umfang eine etwas komplexere Programmstruktur entsteht.

```c
// Zweites PWB-Programm, mit absichtlichen (!) Fehlern

#include <conio.h>
#include <dos.h>
#include <direct.h>
#include <errno.h>
#include <io.h>
#include <stdio.h>
#include <stdlib.h>

long int av_size(short int, long int);
void count(long int);
void show_line(struct find_t);

long int        nr_files=0;        // Anzahl Dateien
long int        sum_size=0;        // Summe der Datei-Größen
int             zick, zack=9;
/** Hauptprogramm                                           ***/
int main(int argc, char *argv[])
{

  static char     curdir[_MAX_PATH];
  int             curdrive;
  static char     filename[80] = "*.*";
  struct find_t   info;         // Datei-Informationen
  int             rc_dir =0;    // Returncode der Dir-Abfrage

  if (argc>1)       // Wenn vorhanden, Eingabe übernehmen
    strcpy (filename, argv[1]);

  curdrive = _getdrive();         // Aktuelle Position ermitteln
  _getcwd(curdir,_MAX_PATH);      // zur Ausgabe

  printf ("\n\n\nDateien von Laufwerk %c, Verzeichnis %s,"
          " Dateien %s \n\n",
          (unsigned char) curdrive + 'A' -1,
          curdir,
          filename);

  rc_dir = _dos_findfirst(filename, // erste Datei ermitteln
          _A_ARCH | _A_HIDDEN | _A_NORMAL | _A_RDONLY |
          _A_SYSTEM |  _A_VOLID, &info);
```

```c
   while (! rc_dir)
   {
     show_line(info);
     rc_dir = _dos_findnext(&info);   // nächste Datei
   }

// Schluß-Statistik

   printf ("\n     Anzahl Dateien: %i",nr_files);
   printf ("\n      Gesamtvolumen: %li Bytes",sum_size);
   printf ("\nMittlere Dateigröße: %li Bytes\n\n",
           av_size(nr_files,sum_size));

   exit(0);
}

// durchschnittliche Dateigröße bilden (arithm. Mittel)

long int av_size(int nr, long int size)
{
   long int avsize;

   avsize=size / nr;
   return(avsize);
}

// zählen und summieren

void count(long int size)
{
   nr_files++;
   zickzack(nr_files);
   sum_size+=size;
   return;
}

// Funktion zum Anzeigen der Datei-Daten

void show_line(struct find_t daten)
{
   printf("%-20s%8li Bytes\n",daten.name,daten.size);
   count(daten.size);
   return(0);
}
```

Listing 3-1: *Das Programm* pwb02f.c.

Nach dem Eingeben des Quell-Textes (bitte sichern, damit das Fenster auch den Namen *pwb02f.c* erhält — und sowieso) sorgen Sie mit *PROJECT / BUILD pwbf02.exe* dafür, daß das Programm kompiliert und gelinkt wird. Aber wie bereits versprochen treten Fehler auf.

```
 ──────────────────────── Build Operation Complete ────────────────────────

                                  Rebuild all

                              4 Errors/Warnings

     <View Results>   <Run Program>   <Debug Program>   <Cancel>   < Help >
```

Abbildung 3-38: *Compiler und Linker melden Fehler.*

Sie können sich jetzt die Liste der Fehlermeldungen anschauen. Wählen Sie dazu *View Results*.

```
   File   Edit   Search   Project   Run   Options   Browse   Window   Help
 =[ 2]═══════════════════════════ Build Results ═══════════════════════════
 +++ PWB  [C:\C700\SOURCE] Rebuild all

         NMAKE  /a /f E:\PWB05187.mak all

 Microsoft (R) Program Maintenance Utility   Version 1.20
 Copyright (c) Microsoft Corp 1988-92. All rights reserved.

 Microsoft (R) C/C++ Optimizing Compiler Version 7.00
 Copyright (c) Microsoft Corp 1984-1992. All rights reserved.

 cl /c /W2 /BATCH /FR.\PWB02F.sbr
    /f /Od /Zi /Fo.\PWB02F.obj PWB02F.C
 pwb02f.c
 pwb02f.c(04) : warning C4090: 'show_line' : 'void' function returning a value
 pwb02f.c(53) : warning C4761: integral size mismatch in argument : conversion

         set MAKEFLAGS=
         nmake  -f E:\PWB05187.mak .\PWB02F.bsc

 Microsoft (R) Program Maintenance Utility   Version 1.20
 Copyright (c) Microsoft Corp 1988-92. All rights reserved.

 <F1=Help> <Alt=Menu> <F6=Window>                        R  P        00001.001
```

Abbildung 3-39: Resultate des Laufes zu *pwb02f.c.*

Nun ist unser Listing nicht allzu umfangreich, und die vier Fehler wären schnell aufgespürt. Doch in größeren Quell-Texten wäre eine bequemere Methode angenehm. Wählen Sie *PROJECT / NEXT ERROR* (über Menü oder mit < *SHIFT F3* >). Sie werden sofort an die Position der ersten Fehlermeldung geführt.

```
void show_line(struct find_t daten)
{
  printf("%-20s%8li Bytes\n",daten.name,daten.size);
  count(daten.size);
  return(0);
}
pwb02f.c(84) : warning C4098: 'show_line' : 'void' function returning a value
```

Abbildung 3-40: *Die erste Fehlerposition in* pwb02f.c.

Auf diese Weise können Sie nach und nach die Fehler und Warnungen aufsuchen und je nach Bedarf Änderungen vornehmen. Natürlich führt die Workbench Sie lediglich zu den vom Compiler oder vom Linker gefundenen Stellen. Sie besitzt keinerlei Intelligenz in Bezug auf den Fehler, kann also Folgefehler (beispielsweise *Argument zu einer Funktion fehlt*) nicht von primären Fehlern unterscheiden (*die Variable des Argumentes wurde nicht deklariert*) etc. Aber sie führt Sie zuverlässig durch die Meldungen. Das funktioniert ebenso reibungslos bei Kompilaten aus mehreren Quell-Texten, wie wir sie im nächsten Kapitel behandeln werden. Und bei Fragen, etwa zur Beschreibung einer Fehlermeldung, steht Ihnen jederzeit das Hilfessystem zur Verfügung. Steuern Sie im Fenster *Build Results* die Fehlernummer an, und drücken Sie die rechte Maustaste oder *< F1 >*.

```
Compiler warning (level 1) C4098

'function' : void function returning a value

A function that was declared with a return type of void contained
a return statement that returned a value.

The compiler assumed the function returned a value of type int.
                              -•-
```

Abbildung 3-41: *Eine Erläuterung zu Meldung* C4098.

Sie korrigieren nun nach und nach die einzelnen Fehler und schalten mit *NEXT ERROR* jeweils eine Meldung weiter. Folgendes tritt in *pwb02f.c* auf:

➪ *show_line* gibt beim return einen Wert zurück, obwohl die Funktion als *void* deklariert ist. Da der Rückgabewert nicht benötigt wird, ersetzen Sie die Zeile mit einem einfachen return;

➪ Es wird eine Typ-Umwandlung erforderlich, weil die Funktion *av_size* das erste Argument vom Typ *short int* erwartet. *nr_files* ist jedoch als *long int* deklariert. Da diese Variable aber nicht *long* zu sein braucht, sollten Sie am Anfang des Programms die Deklaration von *nr_files* auf short int ändern.

⇨ Jetzt eine Fehlermeldung des Linkers: die Funktion _zickzack ist in keiner der
   Bibliotheken vorhanden. Erwarten wir auch gar nicht, wir wollten Ihnen
   damit nur demonstrieren, daß nicht nur Meldungen des Compilers, sondern
   auch des Linkers abgearbeitet werden können. Streichen Sie dieses Unsinns-
   Statement ganz einfach.

⇨ Die letzte Meldung wird im Fenster *Build Results* dargeboten: Es ist die
   Kapitulation des Linkers, der sich außerstande sieht, die gewünschte *EXE*-
   Datei zu erstellen. Diese Meldung ist lediglich eine Folge der vorangegange-
   nen Fehler, Sie brauchen sich darüber also keine Gedanken zu machen.

Traten bei Ihnen noch zusätzliche Fehler auf? Es wird Ihnen leichtfallen, sie zu
beheben.

Nachdem Sie alles korrigiert haben, wählen Sie erneut *PROJECT / BUILD
pwb02f.exe*. Sie könnten ebenso gut *RUN / EXECUTE pwb02f.exe* nehmen. Die
Workbench erkennt, daß eine zugrundeliegende Datei verändert wurde (nämlich
pwb02f.c) und fragt nach, ob die Ziel-Datei neu erstellt werden soll (das wäre in
unserem Falle das Richtige), ob die alte Version der *EXE*-Datei gestartet oder mit
dem Debugger untersucht werden soll.

Sofern Sie nur irgendeine Einstellung der Build-Optionen ändern, fragt die
Workbench nach, ob das gesamte Projekt neu erstellt werden soll. Das würde sich
bei umfangreicheren Programmen, wie wir sie im nächsten Kapitel besprechen,
auf alle Quell-Texte etc. beziehen.

Programme starten

Nachdem Sie nun alle syntaktischen Fehler des Programms beseitigt haben, steht
es Ihnen offen, das Programm auszuführen oder mit dem Debugger zu untersuchen. Sie entscheiden sich (nehmen wir einfach an) dafür, das Programm
auszuführen.

Wie Sie es auch schon im vorigen Kapitel sahen, wird der Zustand der Workbench
gesichert, und *pwb02f.exe* startet.

Nun ist das Starten bei einem Programm wie unsrigem kein Problem. Nach dem
Lauf fordert die Workbench einen Tastendruck, und danach wird die Workbench
in den Zustand gebracht, der vor dem Lauf des Programms herrschte.

```
PWB02F.BAK              2194 Bytes
PWB02F.OBJ              4156 Bytes
PWB02F.SBR                 0 Bytes
PWB02F.BSC              7877 Bytes
PWB02F.C               2200 Bytes
PWB02F.EXE            18216 Bytes

   Anzahl Dateien: 189
   Gesamtvolumen: 2284978 Bytes
Mittlere Dateigröße: 12089 Bytes
```

Abbildung 3-42: *Die Ausgabe von* pwb02f.exe.

pwb02f.exe stellt normalerweise alle Dateien im aktuellen Verzeichnis dar,
Dateispezifikation in *filename* ist also *.*. Aber Sie erinnern sich, daß ein
möglicherweise angegebener Parameter als alternative Spezifikation verwendet
wird. Wie können Sie den unserem Programm mitgeben? Bei einem normalen
Aufruf unter DOS würden Sie schreiben:

```
C> pwb02f pwb02f.*
```

und auf die Weise eine Liste erhalten, die sich auf alle Dateien mit *pwb02f*
beschränkt.

Unter der Workbench geben Sie den Parameter mit *RUN / PROGRAM ARGU-
MENTS* vor. Es erscheint eine Dialogbox, in die Sie den Parameter eintragen
(nicht den kompletten Aufruf!).

```
┌─────────────────── Program Arguments ───────────────────┐
│ Arguments: [pwb2f.*.......................................] │
│                                                          │
│                        <  OK  >  <Cancel>  < Help >      │
└──────────────────────────────────────────────────────────┘
```

Abbildung 3-43: *Die Dialogbox zum Eintragen der Parameter.*

Wenn Sie jetzt erneut *RUN / EXECUTE pwb02f.exe* aufrufen und an dem Quell-
Text nichts geändert haben, wird das Programm unverzüglich gestartet und
berücksichtigt dabei die Einschränkung der Dateinamen.

Auf das Starten des Programms unter dem Debugger gehen wir gleich ein.

Wenn Sie mit der Workbench WINDOWS-Programme erstellen und (sinnvoller-
weise) die Workbench unter WINDOWS gestartet haben, gibt es eines zu
bedenken. Da die Workbench ja unter WINDOWS in einer DOS-Umgebung lebt,
können WINDOWS-Programme nicht ohne weiteres mit *RUN / EXECUTE*

wind_app.exe ausgeführt werden. Zwei Möglichkeiten: Sie richten in einem WINDOWS-Fenster ein Icon zum Testen der Applikation ein. Nach dem Erstellen können Sie dann allerdings nicht wie oben beschrieben die Ausführung starten, sondern müssen sich (es geht ja schnell) in das Fenster schalten und dann das Icon aktivieren. Eine bessere Integration ergibt sich, wenn Sie vor dem Starten der Workbench unter WINDOWS das Programm *WXServer* gestartet haben. Dann können Sie auch von der Workbench aus Windows-Applikationen direkt zum Laufen bringen.

Der Debugger CodeView

Sind Sie mit dem Programm *pwb02f* zufrieden? Schließlich haben Sie alle syntaktischen Fehler ausgebaut, und so müßte jetzt alles in Ordnung sein.

Wir haben noch einen inhaltlichen Fehler im Programm versteckt — haben Sie ihn schon entdeckt? Wenn nein, dann starten Sie einmal das Programm und geben einen Parameter (*RUN / PROGRAM ARGUMENTS*) vor, zu dem keine Datei gefunden wird, beispielsweise *zickzack.p*. Das Programm startet und schreibt auch etwas auf den Bildschirm — und dann folgt eine Fehlermeldung.

```
Dateien von Laufwerk C, Verzeichnis C:\C700\SOURCE, Dateien zickzack.p


     Anzahl Dateien: 0
       Gesamtvolumen: 0 Bytes
run-time error R6003
- integer divide by 0

Strike a key when ready . . .
```

Abbildung 3-44: pwb02f.exe *wird abgebrochen.*

Die Meldung ist recht eindeutig, leider wird nichts weiter über die Umstände gesagt. Vielleicht führt die Hilfefunktion zum Fehler *R6003* weiter?

```
=[ 2]===========================  Help: R6003 ====
                                 ◄Up► ◄Contents► ◄Index► ◄Back►

     C/FORTRAN Run-Time Error R6003

     integer divide by 0

     An attempt was made to divide an integer by zero, which produces
     an undefined result.
                             -◆-
```

Abbildung 3-45: *Die Hilfe-Information zu Fehler* R6003.

Den Versierten unter Ihnen ist wahrscheinlich schon klar, worauf dieser Laufzeitfehler beruht. Aber stellen Sie sich einfach so, als sei Ihnen alles noch unklar; denn wir möchten Ihnen jetzt den Debugger *CodeView* nahebringen. Wie sollten Sie sonst herausbekommen, *an welcher Stelle* des Programms der Fehler aufgetreten ist?

Debugger sind Programme, unter deren Kontrolle Sie andere Programme starten können (vorzugsweise solche, die Sie entwickeln und austesten). Das zu untersuchende Programm kann insgesamt oder in Einzelschritten ausgeführt werden. Dabei lassen sich vielfältige Kontrollen durchführen: Bereiche des Hauptspeichers anzeigen und auch inhaltlich verändern, der aktuelle Programmschritt wird im Maschinencode oder als Assembler-Anweisung gezeigt. Solche Debugger sind nichts Neues, schließlich sind sie für das Austesten von Programmen unabdingbar.

Allerdings fehlte bei frühen Debuggern die Verbindung zwischen dem gerade ausgeführten Maschinencode und der entsprechenden Zeile des Quell-Textes oder zwischen einem bestimmten Stück Speicher und dem dazugehörigen symbolischen Namen, also dem von Ihnen verwendeten Variablennamen.

Symbolische Debugger überbrückten auch diese Lücke. Und bereits seit einigen Jahren bietet Microsoft mit *CodeView* (mittlerweile in der Version 4.0) ein sehr komfortables Utility, mit dem sich mühelos die Beziehung zwischen dem geschriebenen Quell-Text und dem erzeugten Maschinencode darstellen läßt.

Da *CodeView* bereits zu einem Standard geworden ist (es gibt auch entsprechende Produkte von anderen Herstellern), haben Sie vielleicht bereits Erfahrung damit. Dann haben wir Ihnen wahrscheinlich nichts Neues zu berichten. Allein die Einstellung der *CodeView*-Optionen in einer Dialogbox der Workbench könnte neu für Sie sein.

Für all jene, die bislang noch nicht mit *CodeView* gearbeitet haben, bringen wir eine Einführung, mit deren Hilfe Sie Ihre Programme kontrolliert ablaufen lassen, Inhalte von Variablen kontrollieren, Speicherbereiche anzeigen und verändern können.

CodeView ist ein sehr mächtiges Werkzeug. Alle seine Möglichkeiten darzustellen und Ihnen so zu erläutern, daß Sie sie sinnvoll einsetzen können, würde den Rahmen dieses Buches sprengen. Es gibt immerhin auch spezielle Literatur über das Debuggen von C-Programmen. Es ist also ein sehr weites Feld, und wir müssen uns auf einen kurzen Überblick beschränken.

Halten wir es wie bei den anderen Utilities: Kontrollieren Sie vor dem Aufruf die eingestellten Optionen.

```
┌─────────────────────────── CodeUiew Options ───────────────────────────┐
│  ┌──────────── Screen Swap ────────────┐   ┌──────── Screen Size ───────┐│
│  │  (•) CodeUiew Default               │   │  (•) 25-line Mode          ││
│  │  ( ) Flip Screen Uideo Pages        │   │  ( ) 43-line Mode (EGA)    ││
│  │  ( ) Swap Screen in Buffers         │   │  ( ) 50-line Mode (UGA)    ││
│  └─────────────────────────────────────┘   └────────────────────────────┘│
│  [ ] 2 Monitor Debugging                    [ ] Disable the Mouse         │
│  [ ] Black-and-White Mode                                                 │
│                                                                           │
│  [ ] Execute Commands [·······································]│
│                                                                           │
│  Additional Options   [/TSF·····································]│
│                                                                           │
│  Options: /25 /TSF                                                        │
│  ─────────────────────────────────────────────────────────────────────── │
│                                   <  OK  >  <Cancel>  < Help >            │
└───────────────────────────────────────────────────────────────────────────┘
```

Abbildung 3-46: *Die* CodeView-*Optionen.*

Screen Size legt fest, mit wievielen Zeilen die Anzeige des Debuggers erfolgt: 25, 43 oder 50 Zeilen zu je 80 Stellen. *CodeView* kann nicht zaubern, die entsprechende Hardware muß vorhanden sein. Unter *CodeView for WINDOWS* sind diese Angaben nur in Verbindung mit der Option */8* gültig.

Mit *Screen Swap* bestimmen Sie, auf welche Weise in technischer Hinsicht der Wechsel zwischen Debugger- und Programmbild erfolgt. *Use CodeView Default* überläßt *CodeView* die Wahl der geeignetsten Methode, wir empfehlen sie auch für *CodeView for WINDOWS*. Mit *Flip Screen Video* nutzen Sie die Aufteilung des Bildschirmspeichers in unterschiedliche Pages. *CodeView* schaltet dann zwischen *Page 0* (die es selbst benutzt) und einer anderen Page hin und her, in die Ihr Programm seine Ausgaben schreibt. Diese Methode ist recht schnell, funktioniert aber nur, wenn Ihr Programm ausschließlich im Textmodus arbeitet und die Page nicht wechselt. *Swap screen in Buffers* empfiehlt sich für Grafik-Programme oder Programme, die ihrerseits die Bildschirmseiten ausnutzen.

Sofern an Ihrem Rechner zwei Monitore angeschlossen sind, können Sie mit *2-Monitor-Debugging* diesen Umstand ausnutzen: Die normale Anzeige des Programms erscheint auf dem primären Monitor, auf dem zweiten Monitor die Ausgabe von *CodeView.*

Black and White Mode erzwingt auch auf einem Farb-Bildschirm eine schwarz-weiße Darstellung der *CodeView*-Ausgaben.

Auf einem PS/2-System kann der primäre Adapter ein *8514* sein, der sekundäre ein VGA-System. Bei dieser Konfiguration sollten Sie *CodeView for WINDOWS* mit der Option */8* auf der Befehlszeile starten. Ist Ihr VGA-Monitor monochrom, müssen Sie zusätzlich die Option *Black and White Mode* für schwarz-weiße Darstellung benutzen. Der *8514* stellt WINDOWS dar, der VGA-Schirm dient für den Debugger.

Disable the Mouse schaltet die Maus-Bedienung für *CodeView* aus. Das kann beispielsweise erforderlich sein, wenn Sie ein Programm mit Mausunterstützung testen wollen, die Maus aber nicht Microsoft-kompatibel ist. Ein anderes Beispiel ist, wenn Sie bei der WINDOWS-Programmierung einen Breakpoint in einer Callback-Funktion gesetzt haben, die bei Mausbewegungen auf dem WIN-DOWS-Anwendungsbildschirm angesprungen wird.

386 Debug Registers: auf Rechnern mit 80386-Prozessor (oder höher) beschleunigt *CodeView* die Verarbeitung, indem es bestimmte Breakpoint-Arten unter Verwendung der 80386-Debug-Register durch den Prozessor selbst verwalten läßt. *CodeView* nutzt diese Register nicht, wenn Sie einen Watch-Ausdruck benutzen oder mehr als vier Breakpoints setzen, die auf Veränderungen im Speicher reagieren.

Sie können mit *Execute Commands* Befehle geben, die *CodeView* nach dem Starten im Befehls-Fenster ausführt. Trennen Sie mehrere Befehle mit Semikola voneinander. Wenn diese Befehle die Zeichen < > enthalten, muß die gesamte Option in Anführungszeichen gesetzt werden. Anführungszeichen als Bestandteil des Befehls müssen als \″ eingegeben werden. Syntax: `/C"befehl1;befehl2...."`

Belassen Sie es erst einmal bei den Standard-Optionen. Diese reichen auf jeden Fall dafür aus, daß Sie den Fehler in *pwb02f.exe* aufspüren können.

Mit CodeView arbeiten

Nachdem Sie sich noch einmal vergewissert haben, daß Sie mit den Debug-Optionen gearbeitet haben und die Debug-Optionen auch Debug-Informationen aufbauen, rufen Sie *RUN / DEBUG pwb02f.exe* auf. Falls Sie noch irgend etwas am Quell-Text oder an den Build-Optionen geändert haben, wird *pwb02f.exe* erneut erstellt. Wählen Sie in diesem Fall aus dem Menü, das nach dem Linken erscheint, die Option *Debug*.

An heftigen Aktivitäten der Festplatte merken Sie, daß etwas Großes geladen wird: Der Debugger *CodeView*. Er präsentiert sich ähnlich wie die Workbench, und in der Tat können Sie hier genauso Fenster öffnen, vergrößern, verkleinern, wechseln, schließen. Auch die Hilfefunktion steht inhaltlich in vollem Umfang zur Verfügung. Allerdings funktioniert die rechte Maustaste nicht als Hilfe-Aufruf, da sie im Debugger für einen anderen Zweck benötigt wird.

Grundsätzlich gilt das folgende auch für die WINDOWS-Version von *CodeView*. Die Unterschiede liegen in Bereichen, die Sie mit unserem vorliegenden Problem, der Fehlersuche in *pwb02f.exe*, nicht berühren werden.

```
 File   Edit   Search   Run   Data   Options   Calls   Windows   Help
-[1]------------------------------ locals ------------------------------



-[3]---------------------------- source1 CS:IP pwb02f.c ----------------
17:
18:    /** Hauptprogramm                                          ***/
19:    int main(int argc, char *argv[])
20:    {
21:
22:        static char      curdir[_MAX_PATH];
23:        int              curdrive;
24:        static char      filename[80] = "*.*";
25:        struct find_t    info;              // Übergabestruktur für Datei-Infor
26:        int              rc_dir =0;         // Returncode der Directory-Abfrage
27:
■=[9]================================ command ================================
>



L
    <F8=Trace> <F10=Step> <F5=Go> <F3=S1 Fmt>                            DEC
```

Abbildung 3-47: *Die* CodeView-*Oberfläche*.

Zuerst erkennen Sie drei Fenster (falls Sie *CodeView* bereits einmal aufgerufen haben, erscheint das Layout vom Ende der letzten Session):

⇨ Das oberste Fenster ist mit *Locals* überschrieben, es ist zur Zeit leer. Bei der Ausführung des Programms zeigt es jeweils die lokalen Variablen an.

⇨ Das Fenster darunter ist mit *source1 CS:IP pwb02f.c* überschrieben. In ihm zeigt sich ein Teil des Quell-Textes zu unserem Programm. Ist dort kein Quell-Text zu erkennen, sondern nur eine Liste von Maschinencode, dann sollten Sie versuchen, mit *<F3>* in die Darstellung des Quell-Textes zu schalten. Funktioniert das nicht, so steht aus irgendeinem Grunde die Information für *CodeView* nicht zur Verfügung. Sie sollten mit *<ALT F4>* oder *FILE / EXIT* den Debugger verlassen, zur Workbench zurückkehren und prüfen, ob die Optionen richtig eingestellt sind.

⇨ Das unterste Fenster ist mit *command* überschrieben. Es zeigt nur eine Eingabeaufforderung. In diesem Fenster können Sie direkte Befehle für *CodeView* eingeben.

Die unterste Zeile zeigt drei Schaltflächen. Um die entsprechenden Aktionen zu aktivieren, drücken Sie entweder die angegebene Taste, oder klicken Sie die Schaltfläche mit der Maus an.

⇨ Mit *<F8>* beziehungsweise *Trace* können Sie Statement für Statement das Programm abarbeiten. Befinden sich mehrere Statements in einer Zeile (igitt), so ist die kleinste Schrittweite eine Zeile. Dabei folgt der Debugger allen Programmverzweigungen. Beim Aufruf einer Funktion, deren Quell-Text ebenfalls verfügbar ist, werden Sie nun Schritt für Schritt (jeweils nach Drücken von *<F8>*) durch die aufgerufene Funktion geführt, anschließend erfolgt der Rücksprung in die aufrufende Funktion und so weiter.

⇨ Mit *<F10>* *(Step)* gehen Sie üblicherweise ebenfalls Statement für Statement durch das Programm. Insofern verhält sich *Step* nicht anders als *Trace*. Wenn Sie allerdings an eine Funktion geraten, durch die *Trace* Sie in Einzelschritten hindurchführen würde, so behandelt *Step* diese Funktion als ein einziges Statement. So können Sie sich endloses *<F8>*-Drücken ersparen, wenn Sie wissen, daß die aufgerufene Funktion zuverlässig arbeitet und die Einzelschritte Sie im Moment gar nicht interessieren.

⇨ *<F5>* *(Go)* führt das Programm bis zum bitteren Ende aus, oder bis zum nächsten *Breakpoint*. Ein *Breakpoint* ist eine Bedingung oder eine Stelle des Programms, die erfüllt oder erreicht sein muß. Breakpoints erläutern wir gleich.

⇨ *<F3>* erlaubt es Ihnen, das Format der Darstellung im aktiven Source-Fenster zu wechseln. Sie schalten zwischen der Darstellung des reinen Quell-Textes, einer Mischung aus Quelltext und dem generierten Maschinencode und dem reinen Maschinencode durch mehrmaliges Drücken von *<F3>* um.

Bei den Maschinencode-Darstellungen heißt *Trace* oder *Step*: Instruktion für Instruktion. Die Möglichkeit der Einzelschritte ist also wesentlich feiner dosiert als bei der reinen Quell-Text-Darstellung, die ihrerseits den Vorteil des leichteren Verständnisses bietet.

An dieser Stelle wird vielleicht deutlich, warum in der Debug-Version der Compiler-Optionen die Optimierung ausgeschaltet wird. Optimierung bedeutet: Der Compiler generiert nicht den Maschinencode 1:1 so, wie es das C-Statement erfordern würde, sondern er erlaubt sich einige Freiheiten, indem er beispielsweise Statements, die sich unnötigerweise innerhalb von Schleifen befinden, davorsetzt und nur einmal ausführt.

Wenn Sie mit *CodeView* Ihr Programm Schritt für Schritt untersuchen wollen und der bearbeitete Maschinencode nicht mehr zum eigentlichen Quell-Code paßt, liegen Irritationen in der Luft. Um das zu vermeiden, sollte Sie für die Debug-Phase auf jegliche Optimierung verzichten.

Nun befinden Sie sich mit Ihrem Programm im Debugger. Überprüfen Sie einmal, ob hier derselbe Fehler auftritt wie 'in freier Wildbahn', also ohne Debugger. Solche Kontrollen sind mitunter ganz sinnvoll, um zu vermeiden, daß man im Debugger wie verrückt nach einem Fehler sucht, der unter den so veränderten Bedingungen (vielleicht andere Aufrufparameter) gar nicht auftreten kann.

Sie starten mit <*F5*> das Programm. Irgend etwas läuft (je nach Leistungsfähigkeit Ihres Rechners) ganz schnell ab, und dann steht im Command-Fenster, daß das Programm geendet sei, allerdings mit einem Returncode, der nicht dem `exit(0);` entspricht.

Abbildung 3-48: *Der erste Lauf von* pwb02f.exe *ist beendet.*

Aber Sie sehen nicht, was das Programm auf den Bildschirm geschrieben hat. Mit <*F4*> schalten Sie zur Anzeige des Bildes, das das Anwendungsprogramm erzeugt hat, und finden auch die Fehlermeldung. Also ist der Fehler wieder aufgetreten, Sie können mit der Untersuchung beginnen. Falls der Fehler nicht aufgetreten ist, dann schauen Sie doch einmal, ob die Vorgabe des Dateinamens *zickzack.p* funktioniert hat. Er müßte in der ersten Ausgabezeile des Programms stehen. Wenn nicht, gehen Sie noch einmal zurück in die Workbench und kontrollieren dort *RUN / PROGRAM ARGUMENTS*. Kommen Sie anschließend wieder zu *CodeView* zurück.

Nachdem Sie das Programm haben laufen lassen, sollten Sie es Schritt für Schritt untersuchen, der Fehler muß eingekreist werden. Offiziell wissen Sie ja nicht, an welcher Stelle da etwas passiert ist.

Wählen Sie *RUN / RESTART*, damit der Debugger wieder beim ersten Statement beginnt. Betätigen Sie nun *Trace*. Die Deklarationen mit Wert-Zuweisungen werden angesprungen. Das Zuweisen eines Wertes ist ein auszuführendes Statement (im Gegensatz zu Deklarationen ohne Zuweisungen). Drücken Sie mehrmals nacheinander <*F8*>, und beobachten Sie das Voranschreiten der Markierung, die jeweils auf das nächste auszuführende Statement zeigt. Sobald Sie in einen Prozedurblock eintreten, wie zum Beispiel *main*, erscheinen im Fenster *Locals* Angaben zu den lokalen Variablen.

```
■=[1]============================ locals ======
[BP+0006]+char * near * argv = 0x1CF5:0x0D6C
[BP+0004] int argc = 2
[BP-002E]+_find_t info = (...)
[BP-0030] int rc_dir = 18
[BP-0032] int curdrive = 3
1D3E:000A+char curdir[260] = 0x1D3E:0x000A
1CF9:009E+char filename[80] = 0x1CF9:0x009E
```

Abbildung 3-49: *Im Fenster* Locals *erscheinen alle lokalen Variablen des aktiven Prozedurblocks.*

Sie erkennen dort die Speicheradresse und den aktuellen Inhalt. Strukturen, Unions und Zeichenketten sind mit einem + gekennzeichnet. Wählen Sie mit der Maus das + an (mit der Tastatur: Cursor dorthin bewegen und <RETURN>), dann expandiert die Angabe: Die Werte der Struktur werden Komponente für Komponente angezeigt. Enthält eine Struktur oder Union ihrerseits wieder Strukturen, so können Sie von der Ebene die Angaben weiter auflösen, so weit, wie es Sie interessiert.

Vielleicht wundert es Sie, daß Zeichenketten-Felder wie *curdir* nicht direkt mit ihrem Inhalt angezeigt werden. Es sind aber Vektoren, und jeder Buchstabe ist in einem Element des Vektors untergebracht. Davon, daß wir das ganze als ein zusammenhängendes Wort verstehen, weiß *CodeView* nichts. Sie müssen also, um den Inhalt von Strings zu sehen, diese aufblenden. Die Zeichen stehen Zeile für Zeile untereinander; besonders übersichtlich ist das nicht.

Doch Sie können sich behelfen, indem Sie den Speicher 'im Stück' betrachten. Öffnen Sie unter *WINDOW* ein Fenster *MEMORY 1*. Schieben Sie es sich in Position und Größe so zurecht, daß Sie genügend erkennen können, daß Sie aber auch keine wichtigen Informationen der anderen Fenster überdecken. Und eine Information brauchen Sie: Die Adresse der Variable *curdir*. Geben Sie die Adresse im Fenster *Memory 1* ein, indem Sie einfach die Angaben in der linken Kolonne überschreiben. Im folgenden Bild wird der Speicher ab 1D3E:000A angezeigt. Nun wird der Abschnitt des Speichers gezeigt, in dem die Variable positioniert ist.

```
■=[5]===================== memory1 b 0x1D3E:0x000A ===================↓↑
1D3E:000A  43 3A 5C 43 37 30 30 5C 53 4F 55 52 43   C:\C700\SOURC
1D3E:0017  45 00 00 00 00 00 00 00 00 00 00 00 00   E............
1D3E:0024  00 00 00 00 00 00 00 00 00 00 00 00 00   .............
1D3E:0031  00 00 00 00 00 00 00 00 00 00 00 00 00   .............
1D3E:003E  00 00 00 00 00 00 00 00 00 00 00 00 00   .............
1D3E:004B  00 00 00 00 00 00 00 00 00 00 00 00 00   .............
1D3E:0058  00 00 00 00 00 00 00 00 00 00 00 00 00   .............
1D3E:0065  00 00 00 00 00 00 00 00 00 00 00 00 00   .............
1D3E:0072  00 00 00 00 00 00 00 00 00 00 00 00 00   .............
1D3E:007F  00 00 00 00 00 00 00 00 00 00 00 00 00   .............
```

Abbildung 3-50: *Das Fenster* Memory *stellt den Speicherbereich dar, in dem Ihre Variable positioniert ist.*

Die Speicher-Fenster (sie können zwei davon unabhängig voneinander öffnen) bieten viele Möglichkeiten. Sie zeigen jede beliebige Stelle des Speichers. Wenn Sie jetzt weitere Programmschritte durchführen und sich dabei Änderungen im gezeigten Speicherbereich ergeben, werden die entsprechenden Positionen hell gekennzeichnet. Sie können auch Ihrerseits Änderungen vornehmen, entweder im hexadezimal dargestellten Teil oder auch in der ASCII-Darstellung. Allerdings ist Vorsicht geboten. Sie sollten nichts in Bereichen verändern, in denen Sie etwas 'kaputtmachen' können, also etwa in Bereichen, die gar nicht zu Ihrem Programm gehören, sondern vielleicht zum Betriebssystem. Sofern Sie nicht über sehr gute Kenntnisse des Systems und der Bedeutung einzelner Speicherstellen verfügen, sollten Sie sich darauf beschränken, die Inhalte von Variablen Ihres Programms zu beeinflussen.

Sie stehen aber immer noch am Anfang des Programms *pwb02f.exe* und suchen die Lösung des Problems. Es ist etwas langweilig geworden, Statement für Statement durchzugehen? Wenn Sie der Meinung sind, daß eine bestimmte Strecke Code unkritisch ist, können Sie ihn unterbrechungsfrei laufen lassen und die Kontrolle erst dann zurückerlangen, wenn es wieder interessant wird. Sie sollten aufsetzen, wo das Ergebnis des ersten Directory-Aufrufs erfolgt, beim Statement `rc_dir=_dos_findfirst...`

Dieses Statement besteht aus mehreren Zeilen. Bewegen Sie den Leuchtbalken auf die letzte Zeile des Statements, und drücken Sie dann *<F7>*. Sie können auch den Mauszeiger auf diese Zeile bewegen und dann die rechte Maustaste drücken. Alle Statements, die vor dem markierten Statement liegen, sind ausgeführt worden, das markierte Statement jedoch noch nicht. War diese Stelle vorher schon überschritten gewesen, dann endet das Programm wieder mit dem bekannten Fehler, die Stelle, an der *CodeView* die Ausführung stoppen sollte, ist ja nicht wieder berührt worden. Starten Sie dann mit *RUN / RESTART* erneut, und steuern Sie wie beschrieben das Statement an.

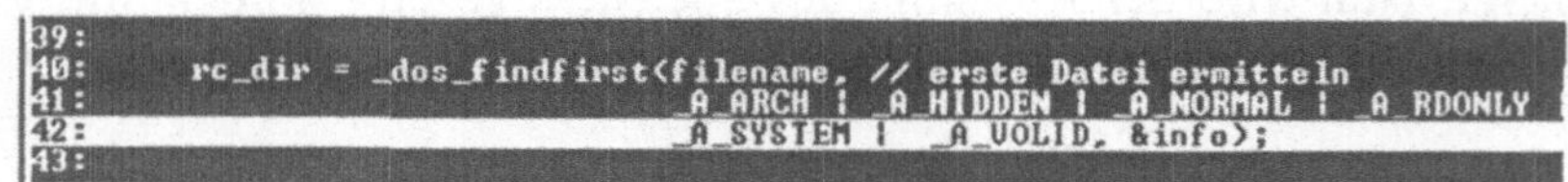

Abbildung 3-51: *CodeView steht vor der Ausführung des Statements* `rc_dir=_dos_findfirst....`

Verfolgen Sie jetzt einmal, wie sich die Variable *rc_dir* verhält. Dazu können Sie ein sogenanntes *Watch*-Fenster einrichten, in dem Sie die Inhalte von Variablen und die Ergebnisse von Ausdrücken ähnlich kontrollieren können wie zu Anfang die lokalen Variablen im Fenster *Locals*. Markieren Sie im Source-Fenster die Variable *rc_dir*. Üblicherweise reicht es, den Cursor an den interessierenden

Variablennamen heranzuführen. Leider läßt sich *CodeView* von Unterstrichen irritieren und würde den Namen nur bis an den Strich heran aufnehmen. Also markieren Sie den gesamten Namen. Rufen Sie dann (entweder per Maus *DATA / ADD WATCH* oder mit *<CTRL W>* die Dialogbox auf, mit der Watch-Ausdrücke aufgenommen werden können. Im Eingabefeld erscheint der Name der Variable. Sollte das nicht der gewünschte Ausdruck sein oder sollten Sie Ergänzungen vornehmen wollen, können Sie dort ändern.

Wenn der Ausdruck stimmt, bestätigen Sie. In dem Fenster, das jetzt erscheint, steht die Variable mit ihrem aktuellen Wert. Jede Veränderung des Wertes würde augenblicklich zur Aktualisierung führen.

Führen Sie nun das markierte Statement aus. *rc_dir* erhält einen anderen Wert, und Sie können das augenblicklich sehen.

Abbildung 3-52: *Der aktuelle Wert von* rc_dir.

Sie vermuten jetzt nach einigem Überlegen den Fehler in der Funktion *av_size*. Um sich langes Blättern zu ersparen, suchen Sie sie mit der Funktion *SEARCH / FIND*. Die Suche gestaltet sich unter *CodeView* ähnlich wie unter der Workbench. Es werden jedoch nur UNIX-artige Regular Expressions unterstützt.

```
┌──────────────────── Find ────────────────────┐
│ Find What: [avsize=size / nr···················]  │
│                                                │
│               [ ] Whole Word                   │
│               [X] Match Case                   │
│               [ ] Regular Expression           │
├────────────────────────────────────────────────┤
│       <  OK  >  <Cancel>  < Help >             │
└────────────────────────────────────────────────┘
```

Abbildung 3-53: *Die Suchmaske von* CodeView

Suchen Sie in der Funktion *av_size* das Statement `avsize=size / nr;`. Versehen Sie es mit einem Breakpoint. Dazu klicken Sie das Statement zweimal mit der linken Maustaste an. Es ist jetzt markiert. Oder Sie wählen die Funktion *DATA / SET BREAKPOINT* und markieren dort *Break at Location*. Das heißt, wenn diese Programmstelle passiert wird, stoppt der Debugger die Ausführung in jedem Fall, bevor das Statement ausgeführt wird.

Nachdem der Breakpoint definiert ist, drücken Sie *<F5>*, und alle Statements werden ausgeführt, bis die Stelle erreicht ist.

Sie sehen, daß dort nur beiden Variablen *size* und *nr* eine Rolle spielen. Wo können Sie den Wert der Variablen sehen? Das *Watch*-Fenster zeigt im Moment

```
 ─────────────────────────── Set Breakpoint ───────────────────────────
│ ┌─────────────────────────────────────────────────────────────────┐ │
│ │ (•) Break at Location.                                           │ │
│ │ ( ) Break at Location if Expression is True.                     │ │
│ │ ( ) Break at Location if Expression has Changed.                 │ │
│ │ ( ) Break When Expression is True.                               │ │
│ │ ( ) Break When Expression has Changed.                           │ │
│ └─────────────────────────────────────────────────────────────────┘ │
│                                                                       │
│ Location: [.65·····································]                    │
│                                                                       │
│ Expression: [·····································]                     │
│                                                                       │
│ Pass Count: [············]          Length: [·········· ·]            │
│                                                                       │
│ Commands: [·····································]                       │
│                                                                       │
│ ───────────────────────────────────────────────────────────────────  │
│                        <  OK  >  <Cancel>  < Help >                   │
 ───────────────────────────────────────────────────────────────────────
```

Abbildung 3-54: *Die Eingabemaske für Breakpoints.*

nur *rc_dir*, das hier gar nicht mehr interessiert. Mit *DATA / DELETE WATCH*
können Sie die *Watch*-Liste aufräumen und einzelne oder alle Ausdrücke löschen.
Entfernen Sie die gesamte Liste.

Fragen Sie die Werte von *size* und *nr* im Command-Fenster ab. Dazu geben Sie
`? size` ein und drücken *<RETURN>*. Dann wird der Wert angezeigt. Sowohl
für *size* wie für *nr* ist der Wert *0*.

Bitte überlegen Sie, bevor Sie das Programm jetzt weiter ausführen: Das nächste
Statement lautet `avsize = size / nr;` Und wenn *nr* auf *0* steht, wundert es gar
nicht, daß die Fehlermeldung erscheint. Das war's also. Also muß das
Programm um eine Abfrage erweitert werden, damit nicht durch 0 geteilt wird,
wenn keine Datei gefunden wurde.

Doch um den Lauf jetzt elegant zu beenden, sollten Sie etwas unternehmen.
Eigentlich bräuchten Sie das nicht und könnten problemlos den Debugger sofort
verlassen. Doch jetzt hat Sie der Ehrgeiz gepackt: Man müßte nur den Wert von
nr verändern, irgendetwas ungleich *0*. Die interessierenden Variablen sehen Sie
auch im Fenster *Locals*, denn sie sind ja lokale Variablen der Funktion *av_size;*.
Gehen Sie in das Watch-Fenster, markieren Sie die *0*, die hinter *nr* steht, und
überschreiben Sie sie mit einer einer *1*. Drücken Sie *<RETURN>*. Und schon
hat die Variable den neuen Wert angenommen. Wenn Sie uns nicht glauben,
kontrollieren Sie es noch einmal mit `? nr` im Command-Fenster.

Nun lassen Sie mit *<F5>* das Programm zu Ende laufen. Es gibt jetzt für die
durchschnittliche Dateigröße den Wert *0* aus, was ja durchaus der Tatsachen
entspricht, und endet ohne Klagen.

Probieren Sie jetzt, da Sie sich gerade im *CodeView* befinden, noch ein wenig herum. Wie verhält sich das Programm, wenn es ordentlich läuft? Hierzu müßten Sie den vorgegebenen Parameter entfernen. Das können Sie auch, ohne *CodeView* zu verlassen: Unter *RUN / SET RUNTIME ARGUMENTS*. Löschen Sie dort die Vorgabe, und drücken Sie dann *<RETURN>*.

Nun wieder zum Ausführen des Programms. Denken Sie daran, vor jedem Neustart *RUN / RESTART* aufzurufen. Setzen Sie jetzt einen Breakpoint in der Funktion *count*, vielleicht beim Statement `nr_files++;` Starten Sie das Programm. Wenn es den Breakpoint erreicht, aktivieren Sie aus der Menüleiste den Punkt *CALLS*. Sie sehen eine Liste der Aufrufhierarchie der Funktionen: *count* wurde von *show_line* aufgerufen, *show_line* wiederum von *main*. Beim Austesten komplexer Software ist eine solche Übersicht mitunter recht hilfreich.

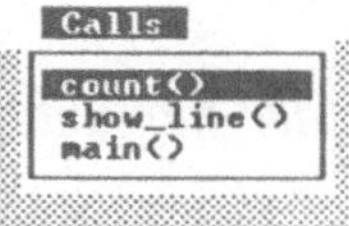

Abbildung 3-55: *Die Aufrufhierarchie.*

Noch ein Experiment. Wie können Sie einen Breakpoint definieren, der nur unter einer bestimmten Bedingung auftritt? Setzen Sie mit *RUN / RESTART* das Programm erst einmal wieder auf den Start. Dann löschen Sie alle bisherigen Breakpoints, Ordnung muß sein. Die Dialogbox unter *DATA / EDIT BREAKPOINTS* bietet hierfür *CLEAR ALL*.

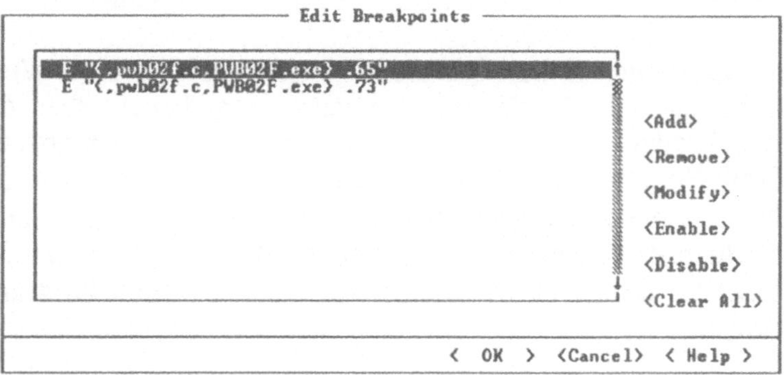

Abbildung 3-56: *Das Verzeichnis der Breakpoints.*

Wählen Sie ein Statement in der Funktion *show_line* an. Unter *DATA / SET BREAKPOINT* erhalten Sie eine Dialogbox, in der die Position eingetragen ist. Ergänzen Sie die Bedingung, unter der das Programm an dieser Stelle gestoppt werden soll: *nr_files* soll *5* sein. Da wir uns hier im Umfeld der Sprache C

```
┌──────────────── Set Breakpoint ─────────────────────────────┐
│                                                              │
│  ┌────────────────────────────────────────────────────────┐ │
│  │ ( ) Break at Location.                                  │ │
│  │ (•) Break at Location if Expression is True.            │ │
│  │ ( ) Break at Location if Expression has Changed.        │ │
│  │ ( ) Break When Expression is True.                      │ │
│  │ ( ) Break When Expression has Changed.                  │ │
│  └────────────────────────────────────────────────────────┘ │
│                                                              │
│  Location:  [.73·······································]        │
│                                                              │
│  Expression: [nr_files==5······························]       │
│                                                              │
│  Pass Count: [············]      Length: [···········]        │
│                                                              │
│  Commands:  [·········································]          │
│                                                              │
├──────────────────────────────────────────────────────────────┤
│                      <  OK  >  <Cancel>  < Help >            │
└──────────────────────────────────────────────────────────────┘
```

Abbildung 3-57: *Ein Breakpoint, der nur unter einer bestimmten Bedingung wirksam wird.*

bewegen, lautet die Bedingung: `nr_file==5`, wird also mit zwei Gleichheitszeichen geschrieben.

Wenn Sie das Programm starten, wird ein Teil der Dateien angezeigt, bis das Programm an der besagten Stelle stoppt. Sie können mit solchen Breakpoints bestimmte Fehlersituationen sehr genau untersuchen, sollten aber bedenken, daß derartige Kontrollen die Ausführung entscheidend verlangsamen.

Das war das Ende unseres Exkurses in die Welt von *CodeView*, eines Werkzeugs, das zwar sehr gut mit der Workbench zusammenarbeitet, aber doch ein eigenständiges Produkt ist. Wir konnten hier nur die allerwichtigsten Punkte anreißen, damit Sie es, sofern Sie es bislang nicht kannten, sinnvoll einsetzen können. Aber es gibt so viele Optionen, soviele Steuerungsmöglichkeiten, daß wir sie hier nicht im einzelnen besprechen können. Machen Sie sich mit *CodeView* vertraut, so daß Sie erreichen, was Sie zur Unterstützung Ihrer Programmiertätigkeit benötigen.

Ja, da wäre noch eine Ergänzung in *pwb02f.c* erforderlich. Beenden Sie *CodeView*, Sie finden die Workbench so vor, wie Sie sie verlassen haben. Korrigieren Sie das Statement `avsize = size / nr;` also:

```
avsize=(nr) ? size / nr : 0;
```

Der Browser

Der Browser (wir finden kein passendes deutsches Wort dafür) besteht aus zwei Komponenten: einerseits der Datenbank, andererseits dem Utility, mit dem Sie diese Datenbank nach vielen Kriterien auswerten können.

In der Datenbank (einer Datei mit der Erweiterung *.BSC*) steht eine Vielzahl von Informationen über das Programm, das Sie bearbeiten, und die darin enthaltenen Symbole. So können Sie etwa eine Liste aller verwendeten Variablen abfragen. Die Datenbank wird gebildet, während Sie Ihr Programm kompilieren, allerdings nur, wenn Sie unter *OPTIONS / BROWSE OPTIONS Build Browse Information* angekreuzt haben. Sollten Sie keine Browse-Informationen aufgebaut oder die Datei mit dem Namen *pwb02f.bsc* gelöscht haben, so schalten Sie gegebenenfalls die Option an und erzeugen mit *PROJECT / REBUILD ALL* alle Ziel-Dateien noch einmal neu.

Das Utility zum Auslesen der Informationen finden Sie unter dem Menüpunkt *BROWSE*. Es bietet unterschiedlichste Informationen über die verwendeten Symbole, also etwa Namen von Variablen und Funktionen, an welchen Stellen sie angesprochen werden usw.. Wir werden die Auswahlmöglichkeiten anhand des Beispiels *pwb02f.c* vorstellen.

Gehen wir also davon aus, daß eine entsprechende Datenbank aufgebaut wurde. Sie sollten sie jetzt aktivieren. Öffnen Sie dazu das Menü BROWSE.

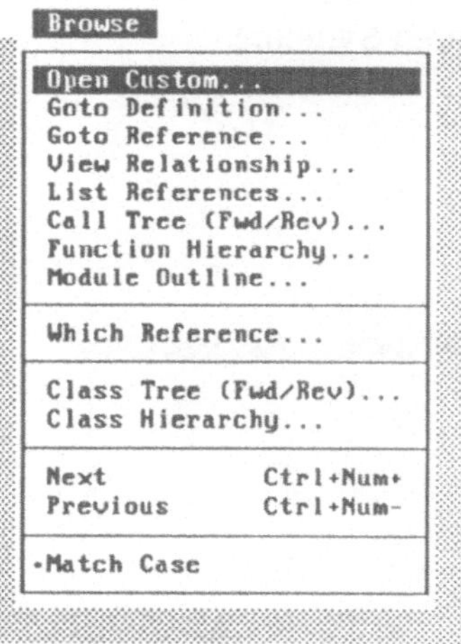

Abbildung 3-58: *Das Menü* BROWSE.

Open Custom bietet die Auswahl, mit *Use Custom Database* entweder

⇨ eine Programm-spezifische Datenbank zu wählen,

⇨ die Standard-Datenbank zu benutzen (die allerdings nur während der Arbeit mit einem Projekt geöffnet ist, und das ist jetzt nicht der Fall),

⇨ einen vom Standard abweichenden Namen für die aktuelle Datenbank dauerhaft zu speichern.

Wählen Sie mit *Use Custom Database* die Datei *pwb02f.bsc*. Ab jetzt steht Ihnen mit Hilfe des Browse-Menüs die gesamte Information über das Programm *pwb02f* zur Verfügung.

Mit *Goto Definition* können Sie die Stelle im Programm ausfindig machen, an der eine Variable deklariert, eine Funktion definiert ist etc., an der also das Symbol festgelegt wurde. Skeptikern, die jetzt meinen, das ginge mit *SEARCH / FIND* ebenfalls, halten wir entgegen, daß das *Search* nicht so intelligent ist wie das Browse-System und nicht einmal zwischen Kommentar und aktivem Statement unterscheiden kann. Außerdem werden die weiteren Vorteile jeden noch so hartnäckigen Zweifler überzeugen. Bedenken Sie auch, daß wir mit *pwb02f.c* einen sehr überschaubaren Quell-Text haben. Sie schreiben üblicherweise Umfangreicheres, auch aus mehreren Quell-Texten, und in solchen Anwendungen kann der Browser seinen Wert erst voll unter Beweis stellen.

Suchen Sie jetzt mit Hilfe des Browsers die Stelle heraus, an der *nr_files* deklariert oder definiert wird. Unter *BROWSE / GOTO DEFINITION* stoßen Sie als erstes auf eine Liste aller verfügbaren Symbole.

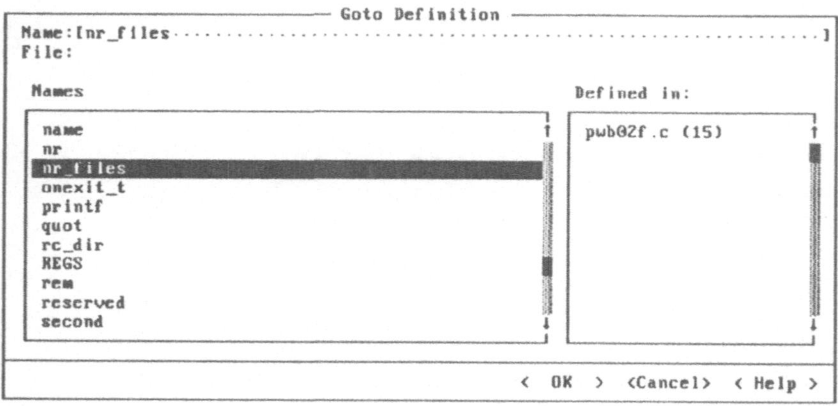

Abbildung 3-59: *Die Liste der verfügbaren Symbole.*

Sie können nun solange in der Liste vorblättern, bis Sie den gewünschten Namen gefunden haben, ihn markieren und dann *OK* betätigen. Schneller ist es mitunter, einfach den Namen im Eingabefeld oben einzutragen. Die Zahl der aufgelisteten Symbole ist schon recht beeindruckend für ein so kleines Programm! Sie müssen jedoch bedenken, daß auch alle Header-Dateien und die darin enthaltenen Symbole ausgewertet werden. Dementsprechend stehen auch all diese Namen zur Verfügung. Später zeigen wir Ihnen, wie Sie die Informationsflut ein wenig eingrenzen können.

Falls Sie in der Liste auf Symbole stoßen, die mit dem Programm rein gar nichts zu tun haben, dann kontrollieren Sie in der obersten Zeile von *BROWSE / OPEN CUSTOM*, welche Datenbank zur Zeit aktiv ist. Schalten Sie mit *Use Default Database* auf die Standard-Datenbank, oder suchen Sie unter *Open Custom Database* die Datei *pwb02f.bsc* heraus und aktivieren Sie sie.

Nachdem Sie in der Liste der Symbole das gewünschte auf die eine oder andere Weise ausgewählt und *OK* betätigt haben (oder mit einen Doppelklick auf den Eintrag in der Liste ausgeführt haben), wechselt der Cursor in das Fenster und an die Position des Symbols.

```
=[   1]==========================  C:\C700\SOURCE\PWB02f.C  ========
void count(long int);
void show_line(struct find_t);

int            nr_files=0;                // Anzahl Dateien
```

Abbildung 3-60: *Die Deklaration von* nr_files *ist gefunden.*

Probieren Sie dasselbe mit weiteren Symbolen, auch mit Deklarationen oder Definitionen aus den Header-Dateien, etwa mit *_A_HIDDEN* aus *dos.h*. Wenn nötig, öffnet die Workbench automatisch ein Fenster für die Datei, und Sie werden an die entsprechende Stelle geführt. So können Sie sehr schnell etwa die Deklaration einer Variable aufsuchen, um etwas zu prüfen oder zu ändern. Erinnern Sie sich noch, daß Sie die Variable *nr_files* von `long int` auf `short int` geändert haben? Um an die Stelle zu gelangen (was bei dem kleinen Listing wohl kein Problem war), hätten Sie sehr gut *Goto Definition* nutzen können.

Die Definition eines Namens kann an mehreren Stellen auftreten. Nichts hält Sie davon ab, in acht Funktionen *i* als Laufvariable zu deklarieren. Entsprechend würden diese acht Fundstellen in der Liste an der rechten Seite angezeigt.

Damit wissen Sie aber noch nicht, an welchen Stellen diese Variable benutzt wird. Hier kann *Goto Reference* gute Dienste leisten. Rufen Sie also diese Option auf.

Sie finden hier wieder dieselbe Liste von Symbolen und wählen genau wie im vorigen Beispiel *nr_files*. Da der Cursor auf diesem Namen stand, wird er in der Dialogbox automatisch unterlegt. Sie können aber ohne weiteres einen anderen Namen wählen oder direkt eingeben.

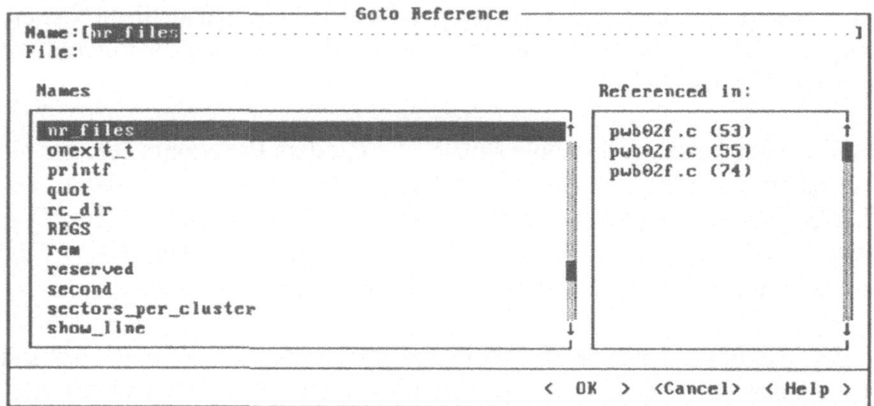

Abbildung 3-61: *Die Stellen, an denen* nr_files *angesprochen wird.*

Sie sehen in der Liste auf der rechten Seite alle Positionen, an denen auf diese Variable zugegriffen wird. Wählen Sie die erste Stelle an, dann wechselt das Fenster, und der Cursor springt automatisch an die Position. Die Option *BROWSE / NEXT* oder die Tastenkombination < *CTRL NUM+* > bringt Sie an die nächste Stelle, *BROWSE / PREVIOUS* beziehungsweise < *CTRL NUM-* > an die vorherige Fundstelle. Eine sehr schnelle Methode, um alle Vorkommnisse eines Symbols (es muß sich nicht nur um Variablen handeln) zu überprüfen!

Probieren Sie ein wenig mit diesen Möglichkeiten herum. Je mehr Sie sich damit vertraut machen, umso leichter fällt es Ihnen bei der 'echten' Arbeit, diese Optionen zu nutzen.

Beachten Sie beim Suchen einer Variable, die an mehreren Stellen deklariert wurde (als Beispiel die acht verschiedenen *i* jeweils als lokale Variable einer Funktion), daß bei der Suche nach den Referenzstellen nicht unterschieden wird, welcher Zugriff auf *i* nun die Deklaration in Zeile 233 berücksichtigt und welcher Zugriff die Deklaration aus Zeile 587 (die Zeilennummern sind willkürliche Beispiele). Zu solch feinen Unterscheidungen ist der Browser nicht in der Lage, da er lediglich den Quell-Text untersucht. Erwarten Sie nichts Unmögliches.

Wenn Sie den Namen des gesuchten Symbols nicht aus der Liste wählen, sondern von Hand eintippen, müssen Sie die Groß- und Kleinschrift beachten. Das sind

Sie vom Arbeiten mit C sowieso gewohnt. Wenn Sie jedoch *BROWSE / MATCH CASE* ausschalten, können Sie unabhängig von Groß- / Kleinschrift suchen.

Ein Hinweis: In der Datenbank sind die Fundstellen der einzelnen Symbole jeweils über die Zeilennummer in der jeweiligen Datei registriert, bezogen auf den Zeitpunkt, als die Browse-Datenbank das letzte Mal erstellt wurde. Wenn Sie also zwischenzeitlich umfangreiche Löschungen oder Einfügungen vorgenommen haben, landen Sie immer um soviele Zeilen zu hoch oder zu niedrig, wie der Umfang geändert wurde. Solange Sie das wissen und es sich im Rahmen hält, läßt es sich akzeptieren. Bei allzu großen Abweichungen sollten Sie jedoch den Build-Prozeß erneut starten, um auch die Browse-Datenbank zu aktualisieren.

View Relationship bietet einen Überblick über die Beziehungen zwischen allen Symbolen. Sie können die Datenbank auf vielerlei Arten auswerten. Steuern Sie in der rechten Leiste die gewünschte Abfrageart an, und bestätigen Sie dann mit *OK*. Auch ein Doppelklick auf die gewünschte Abfrageart hilft weiter.

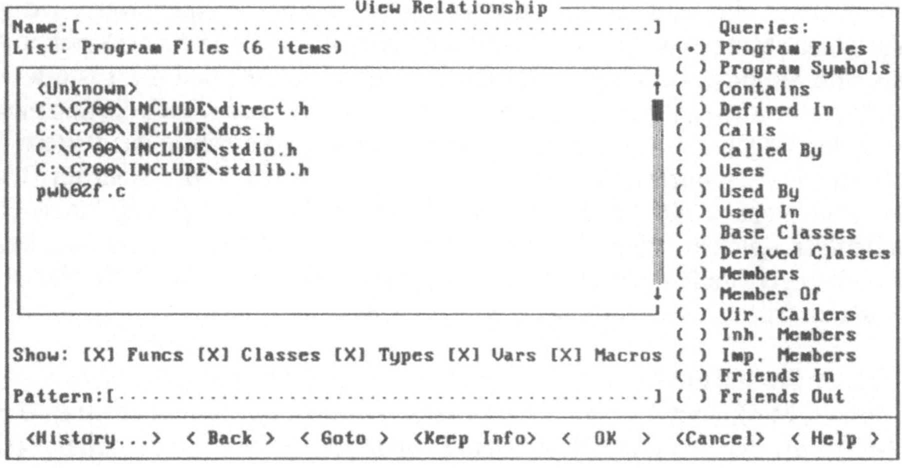

Abbildung 3-62: View Relationship *zeigt die Beziehungen der Symbole untereinander.*

Sie klicken *Program Files* an und erhalten ein Verzeichnis der berücksichtigten Quell-Dateien. Darin sollten sich neben *pwb02f.c* auch die Include-Dateien befinden. Bewegen Sie den Leuchtbalken zur Auswahl auf *pwb02f.c*. Wählen Sie dann *Contains* aus (Doppelklick oder Verschieben des Punktes und *<RETURN>*). Es werden alle Symbole aus *pwb02f.c* aufgeführt. Das sind sehr viele.

```
┌──────────────────────── View Relationship ────────────────────────┐
│ Name:[avsize·······································]    Queries:     │
│ List: Program Symbols (110 items)                  ( ) Program Files│
│  ┌──────────────────────────────────────────────┐  (•) Program Symbols
│  │  avail_clusters (mem_var)                   ↑ │  ( ) Contains     │
│  │  avsize (variable)                            │  ( ) Defined In   │
│  │  ax (mem_var)                                 │  ( ) Calls        │
│  │  bh (mem_var)                                 │  ( ) Called By    │
│  │  bl (mem_var)                                 │  ( ) Uses         │
│  │  bx (mem_var)                                 │  ( ) Used By      │
│  │  BYTEREGS (struct_name)                       │  ( ) Used In      │
│  │  bytes_per_sector (mem_var)                   │  ( ) Base Classes │
│  │  cflag (mem_var)                              │  ( ) Derived Classes
│  │  ch (mem_var)                                 │  ( ) Members      │
│  │  cl (mem_var)                               ↓ │  ( ) Member Of    │
│  └──────────────────────────────────────────────┘  ( ) Vir. Callers │
│                                                     ( ) Inh. Members │
│ Show: [X] Funcs [X] Classes [X] Types [X] Vars [X] Macros ( ) Imp. Members
│                                                     ( ) Friends In   │
│ Pattern:[····································]  ( ) Friends Out │
├────────────────────────────────────────────────────────────────────┤
│ <History...>  < Back >  < Goto >  <Keep Info>  <  OK  >  <Cancel>  < Help > │
└────────────────────────────────────────────────────────────────────┘
```

Abbildung 3-63: *Die in* pwb02f.c *enthaltenen Symbole.*

Wenn Ihnen die Liste zu unübersichtlich ist und Sie beispielsweise lediglich
Variablen abfragen wollen, dann schalten Sie in der Leiste *Show* die Symboltypen
aus, die Sie nicht benötigen. Danach betätigen Sie *OK*, und die Liste wird in
veränderter Auswahl gezeigt. Sie können in der Zeile *Pattern* auch ein Suchmuster
nach den Regeln der Regular Expressions eingeben. So würde das Pattern ^a.*
nur jene Namen durchlassen, die mit einem *a* beginnen. Das ^ steht für Beginn
der Zeile, das *a* für den Buchstaben *a* und .* für eine beliebig lange Folge
beliebiger Zeichen. Wenn Sie das ^ nicht eingeben, dann wird der Suchbegriff
an beliebiger Stelle des Namens gesucht. Ein einfaches *a* bringt alle Namen, in
denen an irgendeiner Stelle ein *a* enthalten ist.

Schalten Sie nun die Anzeige der Funktionen wieder an, und wählen Sie *Program
Symbols*. Markieren Sie die Variable *avsize*, und wählen Sie aus der Query-Leiste
Defined in. Der Browser teilt Ihnen mit, wo *avsize* definiert wurde: in *pwb02f.c*.

```
┌──────────────────────── View Relationship ────────────────────────┐
│ Name:[avsize·······································]    Queries:     │
│ List: avsize Defined In (1 items)                  ( ) Program Files│
│  ┌──────────────────────────────────────────────┐  ( ) Program Symbols
│  │  pwb02f.c                                   ↑ │  ( ) Contains     │
│  │                                               │  (•) Defined In   │
│  │                                               │  ( ) Calls        │
│  │                                               │  ( ) Called By    │
│  │                                               │  ( ) Uses         │
```

Abbildung 3-64: avsize *wurde in* pwb02f.c *definiert.*

Wieder zurück zu *Program Symbols*. Markieren Sie die Funktion *show_line*, wählen Sie dann *calls*, um zu erfahren, welche Funktionen *show_line* aufruft. Es sind *printf* und *count*. Welche Funktionen rufen ihrerseits *show_line* auf? Aktivieren Sie *Called by: show_line* wird von *main* aufgerufen.

Auf die geschilderte Weise können Sie auch die weiteren Abfragen starten, von denen ein Teil lediglich für die objektorientierten Programmierer interessant ist. Hier eine Aufstellung aller Queries:

Query	Bedeutung
Program Files	Alle Quell-Texte des Projektes.
Program Symbols	Alle Symbolnamen in der Datenbank.
Contains	Alle Symbolnamen in der markierten Datei.
Defined in	Dateien, in denen der gewählte Name definiert ist.
Calls	Funktionen oder Makros, die die gewählte Funktion aufruft.
Called By	Funktionen oder Makros, die ihrerseits die gewählte Funktion aufrufen.
Uses	Namen, die in der ausgewählten Funktion benutzt werden.
Used By	Objekte, die ihrerseits das ausgwählten Symbol benutzen.
Used In	Dateien, die sich auf das gewählte Symbol beziehen.
Base Classes	Basis-Klassen der gewählten Klasse.
Derived Classes	Klassen, die von der gewählten Klasse abgeleitet werden.
Members	Member der gewählten Klasse
Member Of	Klassen, von denen der gewählte Name ein Member ist.
Vir. Callers	Klassen, die die gewählte Funktion virtuell rufen.
Inh. Members	Geerbte Member der gewählten Klasse.
Imp. Members	Implementierte Member der gewählten Klasse.
Friends In	Klassen, die die gewählte Klasse als *Friend* deklarieren.
Friends Out	Klassen, die von der gewählten Klasse als *Friends* deklariert wurden.

Nach den gezeigten Methoden können Sie die Beziehungen zwischen den einzelnen Symbolen nach Ihren Wünschen auswerten. Alle Ihre Suchschritte werden protokolliert. Mit der Funktion *History* erhalten Sie eine Aufstellung Ihrer Aktivitäten. Wählen Sie eine daraus, sie läßt sich sofort wieder aktivieren. So brauchen Sie bei mehrmaligem Hin- und Hergucken nicht alle Einstellungen jedesmal neu zu treffen.

Die Auswahl *Back* führt Sie genau um eine Stufe in der Befehlshistorie zurück.

Mit *Goto* wechseln Sie an die Stelle des Quell-Textes, auf die sich das ausgewählte Symbol bezieht.

Keep Info schließt die Dialogbox, die Informationen im Browser-Fenster bleiben aber erhalten.

List References fragt Sie erst einmal, welche Symbole aufgeführt werden sollen. Sie haben die Wahl zwischen Funktionen, Variablen, Typen, Makros und Klassen oder einer beliebigen Kombination davon.

```
┌─────── List References ───────┐
│                               │
│ Show only: [X] Functions      │
│            [X] Variables      │
│            [X] Types          │
│            [X] Macros         │
│            [X] Classes        │
│                               │
├───────────────────────────────┤
│ <  OK  >  <Cancel>  < Help >  │
└───────────────────────────────┘
```

Abbildung 3-65: *Die Auswahl der aufzuführenden Symbole.*

Anschließend steht die gewünschte Information im Browse-Ausgabefenster listenartig zur Verfügung. Sie können sie durchblättern oder zu Dokumentationszwecken ausdrucken. Ein Verändern der Datei (etwa, um Kommentare einzufügen) ist nicht gestattet. Für solche Zwecke müssen Sie den Inhalt in eine eigene Datei kopieren.

```
■=[  6]══════════════════════ Browser Output ═══════════════════════════|↓|
│VARIABLE                 USED BY LIST
 ─────────                ────────────
      _base:              (_iobuf)
      _cnt:               (_iobuf)
      _file:              (_iobuf)
      _flag:              (_iobuf)
      _ptr:               (_iobuf)
      action:             (_DOSERROR)              (DOSERROR)
      ah:                 (_BYTEREGS)              (BYTEREGS)
      al:                 (_BYTEREGS)              (BYTEREGS)
      argc:               main[2]
      argv:               main[2]
      attrib:             (_find_t)
      avail_clusters:     (_diskfree_t)
      avsize:             av_size[3]
      ax:                 (_WORDREGS)              (WORDREGS)
      bh:                 (_BYTEREGS)              (BYTEREGS)
      bl:                 (_BYTEREGS)              (BYTEREGS)
      bx:                 (_WORDREGS)              (WORDREGS)
      bytes_per_sector:   (_diskfree_t)
      cflag:              (_WORDREGS)              (WORDREGS)
```

Abbildung 3-66: *Die Aufstellung der Variablen aus* pwb02f.c.

Call Tree stellt die die Aufrufhierarchie von Programmen und Funktionen dar. Sie erinnern sich, daß sich unter *CodeView* auch die Aufrufhierachie darstellen läßt, dort allerdings aus dem laufenden Betrieb heraus, also das tatsächliche Geschehen als Momentaufnahme. Hier ist es die Theorie, abgeleitet aus dem Quell-Text. Der Browser kann nicht prüfen, ob die Verzweigung von einem zum anderen Programm möglicherweise von einer Abfrage abhängt, die niemals erfüllt werden kann. Er erkennt lediglich, daß in der einen Funktion der Aufruf der anderen Funktion steht, und das zeigt er an. Wählen Sie in der erscheinenden Dialogbox die Funktion, von der ausgehend der darunterliegende Verzweigungsbaum gezeichnet werden soll.

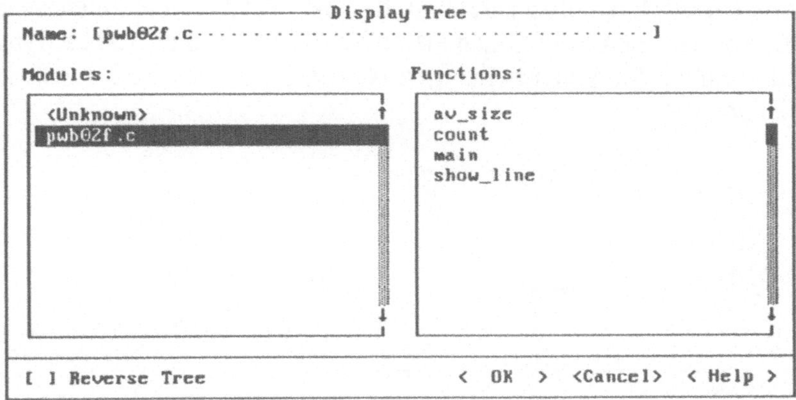

Abbildung 3-67: *Die Dialogbox zu* Call Tree.

Wählen Sie hier *pwb02f.c* aus, um das ganze Programm analysieren zu lassen (so groß ist es ja nicht). Mit dem Schalter *Reverse Tree* können Sie wählen, ob der Plan von links nach rechts top down oder bottom up gezeichnet wird.

Abbildung 3-68: Call Tree *zeigt die Abhängigkeiten von Programmen und Funktionen.*

Im Baum tauchen neben einzelnen Namen folgende Symbole auf:

?   Die Funktion wird vom Programm benutzt, ist aber in keiner Programm-Datei
der Browser-Datenbank enthalten. Tritt meist bei Bibliotheksfunktionen auf.

[x] Die Zahl in eckigen Klammern zeigt, an wievielen Fundstellen das Symbol
aufgerufen wird.

... Die drei Punkte kennzeichnen, daß das Symbol an anderer Stelle des
Diagramms mit seiner weiteren Verzweigung dargestellt wird.

Function Hierarchy stellt zu jeder Funktion dar, welche Funktionen sie ihrerseits
aufruft, von welchen Funktionen sie aufgerufen wird und welche Symbole sie
benutzt. Wählen Sie einen beliebigen Namen im oberen Teil des Bildes, zum
Beispiel *show_line*.

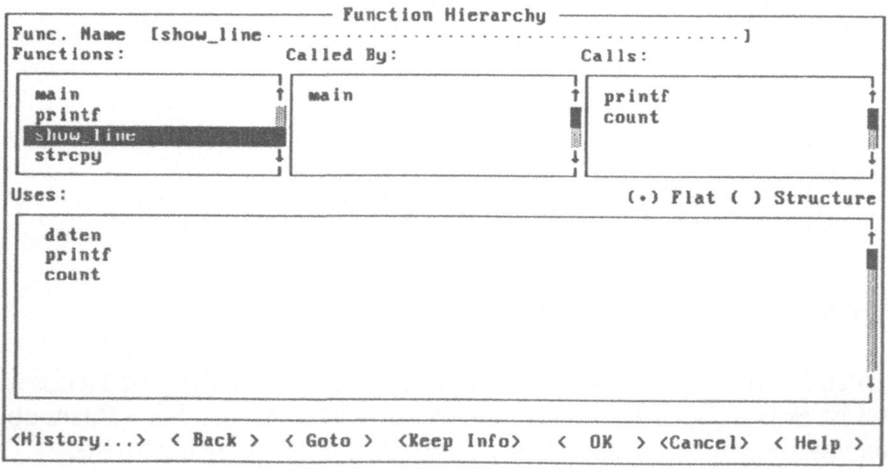

Abbildung 3-69: *Die Funktionshierarchie für* show_line.

Dieselben Informationen haben Sie bereits einmal ermittelt, und zwar mit *View
Relationship*. Insofern bietet *Function Hierarchy* keine neue Information, sie ist
jedoch viel schneller, da Sie alles auf einen Tastendruck erhalten. Wie bei *View
Relationship* wird auch hier eine Historie Ihrer Befehle geführt, und so können
Sie mit *History* leicht einen Ihrer früheren Befehle anklicken.

Module Outline erstellt eine Art Inhaltsverzeichnis für die aktuelle Datenbank. In
einer Dialogbox wählen Sie, ob die Information für alle Quell-Dateien (*.*) der
aktuellen Datenbank oder nur für einzelne gewonnen werden soll. Sie können
ferner einschränken, welche Arten von Symbolen dargestellt werden sollen.

```
 ──────────────────────────── Outline ──────────────────────────
 File Name:[▓▓▓]·············································· ]
 File List

 ┌──────────────────────────────────────────┐   Show only:
 │ <Unknown>      stdlib.h                    │     [X] Functions
 │ conio.h        pwb02f.c                    │     [X] Variables
 │ direct.h                                   │     [X] Types
 │ dos.h                                      │     [X] Macros
 │ errno.h                                    │     [X] Classes
 │ io.h                                       │
 │ stdio.h                                    │
 └▓▒▒▒▒▒▒▒▒▒▒▒▒▒▒▒▒▒▒▒▒▒▒▒▒▒▒▒▒▒▒▒▒▒▒▒▒▒▒▒▒▒─┘

                          <  OK  >  <Cancel>  < Help >
```

Abbildung 3-70: *Die Dialogbox zu* Module Outline.

Aus diesen Angaben entsteht ein Liste, in der für jede Quell-Datei alle darin enthaltenen Symbole aufgeführt werden. Der Nutzen dieser Option leuchtet nicht ohne weiteres ein, aber immerhin läßt sich das enstehende Ausgabefenster des Browsers drucken und so als Dokumentation verwenden. Doch schnellere und aktuellere Information scheint *View Relationship* mit der Abfrage *Contains* zu geben.

```
 ▪=[  6]══════════════════ Browser Output ═══════════════════
 │pwb02f.c
 │  argc              (parameter)
 │  argv              (parameter)
 │  av_size           (function:public)
 │  avsize            (variable:local)
 │  count             (function:public)
 │  curdir            (variable:static)
 │  curdrive          (variable:local)
 │  daten             (parameter)
 │  filename          (variable:static)
 │  info              (variable:local)
 │  main              (function:public)
 │  nr                (parameter)
 │  nr_files          (variable:public)
 │  rc_dir            (variable:local)
 │  show_line         (function:public)
 │  size              (parameter)
 │  sum_size          (variable:public)
```

Abbildung 3-71: *Die* Module Outline *von* pwb02f.

Which Reference? ist eine Ergänzung zu *Goto Definition* und *Goto Reference*, gedacht für das Arbeiten in komplexen C++-Umgebungen, in denen viele Symbole überladen wurden. Der Browser nimmt das Wort, auf dem der Cursor steht, als Suchbegriff, und ermittelt mögliche Fundstellen. Sie können eine aus der Liste wählen und dann wahlweise zur Definition oder zu einer Referenz wechseln.

Speziell für die objektorientierte Programmierung ist *Class Tree* gedacht, der die Klassen-Vererbung darstellt. Entsprechend zeigt *Class Hierarchy* die Hierarchie der Klassen.

```
■=[  6]══════════════════════════ Browser Output ═══════════════════════════
   ios
    ├─istream
    │  ├─istream_withassign
    │  └─iostream
    └─ostream
       ├─ostream_withassign
       └─iostream...
```

Abbildung 3-72: *Der* Class Tree *eines C+ +-Programms.*

Noch etwas zu den Dateien, die der Browser aufbaut. Während des Kompilierens wird für jede Quell-Datei (in unserem Fall nur eine) eine Datei namens *name.sbr* aufgebaut. Sie enthält alle Informationen über diesen Quell-Text, die in die Browse-Datenbank gelangen werden.

Nachdem alle Einzel-Dateien aufgebaut sind (oder übernommen werden können, weil sie noch bestehen und aktuell sind), werden die Informationen in der Datei *name.BSC* zusammengefaßt. Die Inhalte der einzelnen *.SBR*-Dateien werden auf 0 gekürzt, die Dateien jedoch nicht gelöscht. Anhand der Zeitmarken der *.SBR*-Dateien kann *NMAKE* bei späteren Build-Läufen prüfen, ob die Browse-Dateien aktualisiert werden müssen.

Die Datenbank enthält — Sie haben es bei Ihren Abfragen gemerkt — eine große Menge an Informationen: alle Symbole einschließlich aller Klassen, Strukturen, Aufzählungstypen etc, alle darin enthaltenen Komponenten, Makros einschließlich der Symbole, die sich aus aufgelösten Makros ergeben, Variablen, Funktionen. Zu jedem Symbol wiederum alle Referenzen. Da kommt schon eine ganze Menge Bytes zusammen. Schätzungweise belegt die *.BSC*-Datei eines C-Programms die Hälfte des Platzes, den der durch den Preprocessor gejagte Quell-Text beansprucht (also ohne Kommentare, aber eingebundene Include-Dateien und aufgelöste Makros). Für C+ + sieht das schon anders aus: Als Faustformel geht man vom Doppelten bis zum Zwanzigfachen aus! Dieser Unterschied rührt von den meist sehr umfangreichen Header-Dateien und den sogenannten 'dekorierten' Namen von Symbolen her. Bei einem umfangreichen Projekt und nur noch wenig freiem Platz auf der Festplatte kann es also schon etwas eng werden! Die entstehende *.BSC*-Datei benötigt aber weniger Platz als die Summe der Einzelvolumina, weil sie redundante Einträge spart. Doch für einen bestimmten

Zeitraum besteht der große Platzbedarf. Der kann sich nicht nur auf der Festplatte bemerkbar machen, sondern sich auch durch Platzmangel im Hauptspeicher äußern.

Lassen Sie uns nochmals zur Einstellung der Browse-Optionen (*OPTIONS / BROWSE OPTIONS*) wechseln. Wir gehen sie jetzt im einzelnen durch. Ihre Bedeutung liegt nicht beim Auswerten, sondern beim Erstellen der Browse-Informationen.

Die grundlegende Frage stellt sich in der ersten Zeile: Soll überhaupt Browse-Information aufgebaut werden. Wir plädieren eindeutig für ja, also bitte ankreuzen beziehungsweise angekreuzt lassen. Nun lassen sich bestimmte Vereinbarungen treffen, um das Volumen und die Informationsflut überschaubar zu halten: Sie können Symbole aufgelöster Makros ausschließen (ein Kreuz heißt: aufgelöste Makros **nicht** auswerten), auf dieselbe Weise können Sie die Include-Files des Systems ausschließen. Das ist unter manchen Bedingungen ratsam, um unnötigen Datenballast zu vermeiden. Im Normalfall aber werden diese Dateien mit ausgewertet. Üblicherweise bleiben Symbole, die nicht angesprochen werden, in der Versenkung und erscheinen nicht in der Datenbank. In Ausnahmefällen kann es aber gerade interssant sein, diese Symbole zu sehen (siehe weiter unten). Die Alternative dazu ist das Packen der Datenbank, dazu gehört das Ausmerzen der nicht angesprochenen Symbole. Schließlich können Sie noch in einem separaten Fenster einzelne Dateien angeben, die von der Auswertung ausgeschlossen werden sollen.

Neben allem anderen, was wir Ihnen als Nutzen des Browsers dargestellt haben, kann er in beschränktem Rahmen auch dazu dienen, unbenutzte Symbole herauszufinden. Sie haben beispielsweise ein Programm kopiert, daraus ein neues gebaut und dabei erst einmal eine ganze Menge von Funktionen herausgeworfen, die im neuen Programm nicht mehr gebraucht werden. Bei solchen Aktionen bleiben regelmäßig Variablen zurück, die zu löschen man vergessen hat, die aber auch nie benutzt werden. Dasselbe gilt für Funktionen, die irgendwo im Zeilendschungel hängenbleiben.

Solche Variablen (allerdings nur globale, keine lokalen) und Funktionen lassen sich mit Hilfe des Browsers aufspüren. Ein wenig Aufwand ist allerdings damit verbunden. Zuerst stellen Sie die Optionen unter *OPTION / BROWSE OPTIONS* neu ein: Schalten Sie die Einbeziehung der System-Dateien aus, schalten Sie ein, daß auch unreferenzierte Symbole mit aufgenommen werden.

```
┌─────────────────────────── Browse Options ──────────────────────────┐
│                                                                      │
│ [X] Generate Browse Information                                      │
│                                                                      │
│ [X] Exclude Macro Expanded Symbols                                   │
│ [X] Exclude System Include Files                                     │
│ [X] Include Unreferenced Symbols                                     │
│ [ ] Pack .SBR files                                                  │
│                                                                      │
```

Abbildung 3-73: *So müssen Sie die Optionen schalten, um die unbenutzten Symbole zu finden.*

Danach erstellen Sie das Programm neu, wobei auch die Browse-Information nach den neuen Vorgaben entsteht. Anschließend wechseln Sie zu *BROWSE / LIST REFERENCES*. Dort schalten Sie außer Variablen und Funktionen alle anderen Elemente aus und erstellen die Referenz-Liste.

```
■─[ 6]─────────────────────── Browser Output ───────────────────────
│UARIABLE                 USED BY LIST
│──────────               ──────────────
│    argc:                main[2]
│    argu:                main[2]
│    avsize:              av_size[3]
│    curdir:              main[3]
│    curdrive:            main[3]
│    daten:               show_line[3]
│    filename:            main[4]
│    info:                main[4]
│    nr:                  av_size[2]
│    nr_files:            main[2]                    count
│    rc_dir:              main[4]
│    size:                av_size[2]                 count[2]
│    sum_size:            main[2]                    count
│    zack:
│    zick:
```

Abbildung 3-74: *Ein Hinweis auf unbenutzte globale Variablen: Keine Referenzen.*

Sie gelangen nun in das Fenster mit der Ausgabe des Browsers. Um die ungenutzen Variablen zu finden, suchen Sie nach all jenen Begriffen, die nach dem Doppelpunkt ein Zeilenende aufweisen, hinter deren Namen also nichts weiter steht. Zu diesem Zweck können Sie unter *SEARCH / FIND* die *Regular Expression* :$ (Doppelpunkt, Dollar) einsetzen.

Sie finden bei Untersuchung des Programms *pwb02f.c*, daß die beiden Variablen *zick* und *zack* nur ein kleiner Scherz des Programmierers waren (in weiser Voraussicht dieser Demonstration). Es steht Ihnen frei, sie zu löschen.

Untersuchen Sie selbst, warum Sie mit diesem Verfahren keine unbenutzten lokalen Variablen aufstöbern können: verlegen Sie die Deklaration der beiden Variablen in die Funktion *main*, und wiederholen Sie die ganze Prozedur. Sie werden finden, daß nun bei den Variablen *zick* und *zack* ein Hinweis auf *main* steht. Obwohl Microsoft extra in der Dokumentation auf diesen 'Zusatznutzen' des Browsers hinweist, meinen wir, daß statt dieses etwas umständlichen Weges ein kleiner Zusatz in den Browse-Optionen eher angebracht wäre: Statt unreferenzierte Symbole auszuschließen sollte man auf Wunsch ausschließlich die unreferenzierten Symbole erhalten!

Abschließend gesagt halten wir den Browser für einen sehr wichtigen Bestandteil der Workbench, mit dessen Hilfe Sie wesentlich schneller in komplexen Quell-Texten navigieren können. Wenn Sie die Informationen konsequent und systematisch nutzen, lassen sich auch leichter 'saubere' Programme schreiben.

Der Profiler

Mit Hilfe des Profilers können Sie untersuchen, welche Teile Ihrer Programme wieviel Zeit verbrauchen, wie häufig einzelne Funktionen aufgerufen werden etc. Im Gegensatz zum eben geschilderten Browser gewinnt der Profiler seine Informationen nicht theoretisch aus dem Quell-Text, sondern analysiert den tatsächlichen Lauf eines Programms.

Wir zeigen Ihnen, wie Sie Ihre Programme mit dem Profiler untersuchen, werden aber nicht auf die einzelnen Untersuchungsmethoden eingehen. Das wäre in diesem Zusammenhang zu umfangreich.

Wenn der Profiler installiert ist (er wird leider nicht so elegant mit installiert wie die anderen Komponenten), müssen Sie vor dem Erstellen des Programm unter *OPTIONS / PROFILE OPTIONS* die Option *Generate Profile Information* angeschaltet haben. Sofern Sie das bei dem zu untersuchenden Programm bisher nicht getan haben, schalten Sie die Option an. Wählen Sie gegebenenfalls weitere Optionen, oder verwenden Sie die Standardeinstellung. Das Profiling läßt sich nach unterschiedlichen Kriterien ausrichten und auch nur auf bestimmte Teile der Programm beschränken. Nach dem Einstellen der Optionen erstellen Sie das Programm neu.

Wenn das Programm erstellt ist, können Sie es unter *RUN / PROFILE* starten. Nach seinem Ende erscheint in einem Fenster die Analyse des Profilers über das Programm. Die Aufstellung gibt unter anderem Auskunft über die Laufzeit der einzelnen Funktionen.

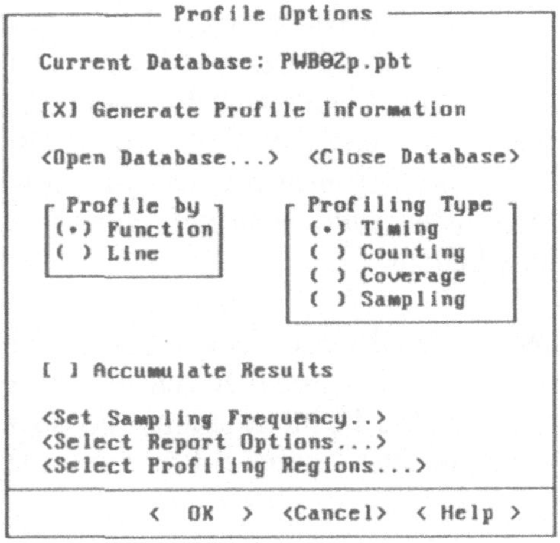

```
┌──────────────── Profile Options ────────────────┐
│                                                  │
│  Current Database: PWB02p.pbt                    │
│                                                  │
│  [X] Generate Profile Information                │
│                                                  │
│  <Open Database...>  <Close Database>            │
│                                                  │
│   ┌ Profile by ┐      ┌ Profiling Type ┐         │
│   │ (•) Function│      │ (•) Timing      │        │
│   │ ( ) Line    │      │ ( ) Counting    │        │
│   └─────────────┘      │ ( ) Coverage    │        │
│                        │ ( ) Sampling    │        │
│                        └─────────────────┘        │
│                                                  │
│  [ ] Accumulate Results                          │
│                                                  │
│  <Set Sampling Frequency..>                      │
│  <Select Report Options...>                      │
│  <Select Profiling Regions...>                   │
│                                                  │
│         <  OK  >  <Cancel>  < Help >             │
└──────────────────────────────────────────────────┘
```

Abbildung 3-75: *Die Dialogbox für die Profiler-Optionen.*

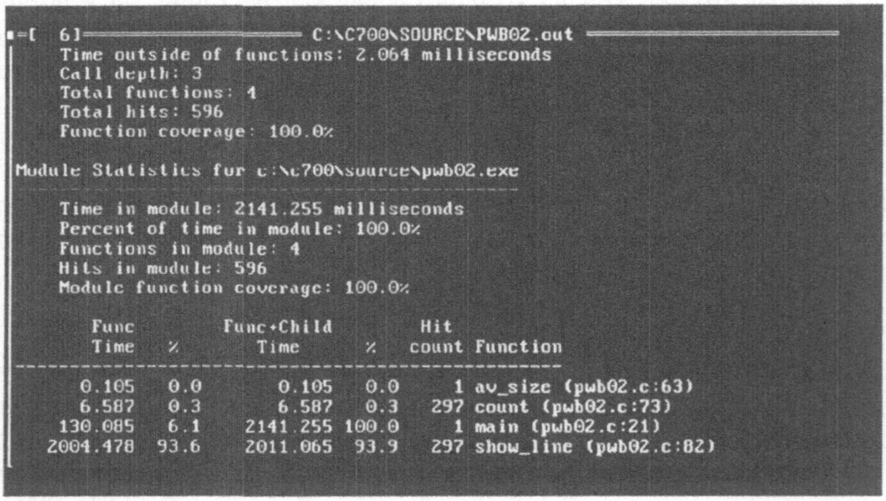

```
■=[ 6]══════════════════ C:\C700\SOURCE\PWB02.out ═══════════════
     Time outside of functions: 2.064 milliseconds
     Call depth: 3
     Total functions: 4
     Total hits: 596
     Function coverage: 100.0%

Module Statistics for c:\c700\source\pwb02.exe

     Time in module: 2141.255 milliseconds
     Percent of time in module: 100.0%
     Functions in module: 4
     Hits in module: 596
     Module function coverage: 100.0%

      Func              Func+Child        Hit
      Time     %          Time      %    count  Function
     ────────────────────────────────────────────────────
        0.105   0.0         0.105   0.0      1  av_size (pwb02.c:63)
        6.587   0.3         6.587   0.3    297  count (pwb02.c:73)
      130.085   6.1      2141.255 100.0      1  main (pwb02.c:21)
     2004.478  93.6      2011.065  93.9    297  show_line (pwb02.c:82)
```

Abbildung 3-76: *Die Analyse des Profilers.*

Mit Hilfe des Profilers lassen sich auch Funktionen herausfinden, die während eines Durchlaufs überhaupt nicht angesprochen werden. Sie erscheinen dann in der Liste der Funktionen mit einer Laufzeitbeteiligung von 0%. Aber Vorsicht, das heißt nicht unbedingt, daß sie überflüssig sind. Sie wurden nur beim Durchlauf mit den aktuellen Daten nicht aufgerufen. Vielleicht würden sie mit anderen Eingaben oder in anderen Situationen dringend benötigt.

Kapitel 4

Projekte — oder:
Von der Einfalt zur Vielfalt

Bis jetzt haben wir uns mit Programmen befaßt, die lediglich aus einem einzigen Quell-Text bestehen. Auf diese Weise lassen sich außer einfachen Beispielen auch große, komplexe Programme entwickeln. Aber im allgemeinen werden umfangreiche Anwendungen nicht in einem einzigen Quell-Text von mehreren tausend Zeilen geschrieben, sondern in mehreren kleineren Quell-Texten. Dafür gibt es folgende Gründe:

⇨ Ein sehr großer Quell-Text ist schwer zu handhaben, angefangen beim Laden in den Editor bis zur Schwerfälligkeit von Blockoperationen, denn die meisten Editoren verlieren bei extrem großen Dateien an Geschwindigkeit.

⇨ Die Kapazität des Compilers könnte — trotz 32 Bit-Welt — überschritten werden.

⇨ Die Kompilierungszeit würde sehr lang werden. Nun denken Sie vielleicht, es mache keinen Unterschied, ob Sie ein Modul drei Minuten lang kompilieren oder sechs Module jeweils eine halbe Minute. Aber da ein solches Programm mehrfach kompiliert, getestet, verändert und wieder neu kompiliert wird, macht es sich schon bemerkbar, ob Sie zehnmal jeweils drei Minuten lang kompilieren oder beim ersten Durchgang drei Minuten und bei allen Änderungen nur jeweils eine halbe. Die unveränderten Module brauchen bei den Folge-Durchläufen nicht noch einmal verarbeitet zu werden.

⇨ Bestimmte Funktionen, die in einem Programm benötigt werden, lassen sich vielleicht auch in anderen Programmen einsetzen. Es wäre in einem solchen Falle sinnvoll, sie zu einem Modul zusammenzufassen, das sich in anderen Anwendungen ebenfalls einsetzen läßt, ohne erneut kompiliert oder getestet werden zu müssen.

⇨ In der professionellen Entwicklung, in der mehrere Programmierer am selben Programm arbeiten, schreibt jeder einen Teil der Funktionen. Das kann nur funktionieren, wenn das Programm nachher aus mehreren Quell-Texten (und daraus abgeleiteten Objekt-Dateien) zusammengesetzt wird.

Sie werden vielleicht bereits durch Ihre eigene Programmierpraxis davon überzeugt sein, daß sich bei größerem Umfang eine Aufteilung der Quell-Texte anbietet ist.

Die Workbench unterstützt solches Vorgehen durch sogenannte Projekte. Unter einem Projekt ist das Vorhaben zu verstehen, ein Programm zu erstellen. Dieses Programm besteht aus einem oder mehreren Quell-Texten, die nach einem bestimmten Schema (dem *Project Template*) zur Ziel-Datei (oder, wie es in der Workbench stets heißt, einem *Target*) zusammengeführt werden. Das klingt Ihnen vielleicht vertraut, denn auch bei Programmen aus einem einzigen Quell-Text hat die Workbench diese Regeln gebildet und sie in einer internen *NMAKE*-Steuerdatei festgehalten.

Der Unterschied ist jedoch, daß diese Regeln bei einem Projekt explizit für dieses eine Projekt festgehalten werden. Ohne Projekt gestaltet sich auch das Zusammenführen mehrerer Objekt-Dateien zu einer ausführbaren Datei wesentlich komplizierter, man müßte die Namen der zusätzlichen Objekt-Module eigenhändig als Link-Optionen angeben. Um all jene Dinge kümmert sich die Workbench bei einem Projekt automatisch.

Das Arbeiten mit Projekten ist unter der Workbench sehr komfortabel gelöst. Es empfiehlt sich:

⇨ bei Programmen aus einem Modul, wenn Sie besondere Einstellungen, die Sie nicht standardmäßig benutzen, wieder einsetzen möchten, etwa das Einbinden spezieller Bibliotheken oder Objekte, deren Quell-Text Ihnen aber nicht vorliegt,

⇨ immer bei Programmen aus mehreren Quell-Texten,

⇨ immer bei der Programmierung für WINDOWS, weil in einem solchen Projekt auch das Bearbeiten der Ressourcen-Beschreibung und der Definitions-Datei mit gesteuert wird.

Sie sehen, die Verwendung eines Projektes ist sinnvoll — nicht immer, aber immer öfter.

Anstatt daß wir uns hier theoretisch über die Arbeit mit Projekten auslassen, sollten Sie lieber an konkreten Aufgaben lernen, ein Projekt einzurichten und es zum Laufen zu bringen.

Ein Projekt beginnen

Es soll ein Grafik-Programm entstehen, das einen Würfel aus unterschiedlichen Blickwinkeln auf dem Bildschirm darstellt. Zu diesem Zweck sind ein paar Berechnungen erforderlich. Das ganze Programm umfaßt einige Funktionen, ist insgesamt dennoch recht klein. Wir haben allerdings den Quell-Text (der sich ohne Probleme in einer einzelnen Datei unterbringen ließe) in mehrere Dateien aufgeteilt, damit Sie das Arbeiten mit Projekten kennenlernen.

Der Quell-Text verteilt sich auf fünf Dateien: *pwb03a.c*, *pwb03b.c*, *pwb03c.c*, *pwb03d.c* sowie die Header-Datei *pwb03.h*. Das lauffähige Programm soll später *pwb03.exe* heißen, aber darum brauchen Sie sich im Moment noch nicht zu kümmern.

Zuerst ein paar Anmerkungen zu den einzelnen Quell-Texten:

⇨ *pwb03a.c* ist das Hauptmodul des gesamten Paketes. Es enthält die Funktion *main* sowie eine Funktion zum Einrichten des Video-Modus. Einige globale Variablen sind definiert, auf die Funktionen aus den anderen Quell-Texten zum Teil extern zugreifen.

In *main* wird als erstes die Funktion zum Setzen des Video-Modus aufgerufen, wobei wir die höchstmögliche Auflösung wählen und anschließend mit *_getvideoconfig* die erzielte Auflösung feststellen. Daran richten wir später Größe und Positionierung der Grafik aus, um auch mit unterschiedlichen Modi das gleiche Bild zu erzielen. Danach wird in *build_cube* (aus *pwb03b.c*) ein Vektor mit Koordinaten einer Figur gefüllt. Anschließend zeigt *show_cube* (aus *pwb03c.c*) die Figur, es handelt sich um einen Würfel. Nach einem Tastendruck von Ihnen endet das Programm.

⇨ In *pwb03.h* finden sich einige für dieses Projekt wichtige Definitionen und Deklarationen. Diese Datei wird in mehrere Quell-Texte eingebunden. Es hat sich als sehr übersichtlich erwiesen, die Funktions-Prototypen entweder alphabetisch zu ordnen und bei jedem zu schreiben, in welcher Datei die Funktion enthalten ist, oder die Prototypen nach der Zugehörigkeit zu den Quell-Texten zu ordnen.

⇨ *pwb03b.c* enthält eine Funktion, die den Vektor für die Form der Figur mit entsprechenden Werten füllt. Die Kantenlänge ist abhängig von der aktuellen Auflösung des Bidschirms. Nun wäre es nicht gerade nötig, die Koordinaten für einen Würfel als Vektor zu speichern, denn ein Würfel läßt sich per Formeln auch beim Erstellen hervorragend ableiten. Doch könnte in diesem

Vektor genauso eine beliebige andere Form gespeichert sein (Achtung, bei mehr als zwölf Punkten müßten Sie in *pwb03a.c* die Deklaration des Vektors von `cube[12]` auf den benötigten Wert ändern. Neben den Raum-Koordinaten jedes Punktes wird in *option* festgehalten, ob dieser Punkt mit *_moveto* oder mit *_lineto* angesteuert wird.

⇨ Die in *pwb03c.c* enthaltene Funktion *show_cube* zeichnet den in *cube* definierten Würfel auf den Bildschirm. Sie stellt den Würfel aus sechs unterschiedlichen Blickwinkeln dar.

Zum Erzeugen dieser Darstellung errechnen wir aus den räumlichen Koordinaten und den Betrachtungswinkeln die Koordinaten auf dem zweidimensionalen Bildschirm, an denen der Punkt dargestellt werden muß. Diese Umrechnung wurde in eine Funktion ausgelagert.

⇨ *pwb03d.c* enthält die eben angesprochene Funktion zum Umrechnen von räumlichen in die zweidimensionalen Koordinaten. Ihr Rückgabewert ist vom Typ *_xycoord* (in *graph.h* definiert) und enthält zwei Komponenten: die X- und die Y-Koordinate eines Punktes. Wir haben uns zum Speichern der dreidimensionalen Koordinaten des Punktes einen Datentyp *xyzcoord* selbst definiert, um nicht immer so viele Einzelvariablen ansprechen zu müssen.

Wie schon gesagt, soll hier das Inhaltliche des Programm zurückstehen gegenüber dem eigentlichen Zweck der Übung, nämlich dem Umgang mit Projekten.

Geben Sie bitte zunächst die Dateien ein. Das geschieht genau so wie schon bei den bisherigen Programmen. Erst wenn Sie alle Dateien erfaßt haben, geht es projektspezifisch weiter. Beginnen Sie mit *pwb03a.c*

```
// PWB03A.C  Bestandteil des Projektes PWB03
// Hauptmodul

#include "pwb03.h"
#include <graph.h>
#include <conio.h>
#include <math.h>

struct form_struc cube[12]; // Würfel
float alpha = 63.4;         // Projektions-Winkel
int farbe, color1;          // Farb-Darstellung, Farbe
struct videoconfig video;   // Video-Konfiguration
// Funktions-Prototyp interne Funktion
int setvideo (void);
```

```c
main()
{
  // Grafikmodus einstellen
  setvideo();
  // >> Hier später die Ergänzung einbauen

  // Vektor der Koordinaten füllen
  build_cube(video.numypixels);

  // Vektor der Koordinaten füllen
  show_cube(alpha);

  //  Warten auf Tastendruck
  _settextposition(25, 1);
  _outtext("Beliebige Taste drücken");
  while (! kbhit())
    {;}

  // Alten Video-Modus wieder herstellen
  _setvideomode(_DEFAULTMODE);
  exit(0);
}

//  Video-Mode einrichten
int setvideo(void)
{
  int        fonts, rc=0;
  char       text[20];

  rc=(!_setvideomode(_MAXRESMODE));

  _getvideoconfig(&video);

  // Farbe: mehr als 4 Farben, Adapter ungleich _MONO
  farbe = ((video.numcolors > 4)
        && (video.monitor != _MONO)) ? 1 : 0;

  color1 = 15;   // Standard-Farbe: Weiß
  strcpy(text,"helvb.fon");
  if (fonts=_registerfonts(text)<0)
  {
    printf(">> Fehler mit Font-Datei");
    exit(10);
  }

  return(rc);
}
```

Listing 4-1: *Das Hauptmodul* pwb03a.c.

Das nächste Modul *pwb03b.c* enthält die Funktion zum Füllen des Vektors. Es ist etwas langweilig, aber dennoch wichtig. Da können Sie das Kopieren von Textblöcken üben, bei dem man so gerne vergißt, in den kopierten Partien die nötigen inhaltlichen Änderungen vorzunehmen.

```c
// PWB03B.C  Bestandteil des Projektes PWB03

#include  "pwb03.h"

extern struct form_struc cube[]; // Würfel

void build_cube (int y_max)
{
  int i;
  int ysize;
  int zsize;

// Kantenlänge des Würfels
  ysize = y_max / 6;
  zsize = y_max / 12;

// Vektor füllen
  i = 0;
  cube[i].pos.xcoord = 0;
  cube[i].pos.ycoord = ysize;
  cube[i].pos.zcoord = 0;
  cube[i].option = 0;

  i++;
  cube[i].pos.xcoord = zsize;
  cube[i].pos.ycoord = ysize;
  cube[i].pos.zcoord = 0;
  cube[i].option = 1;

  i++;
  cube[i].pos.xcoord = zsize;
  cube[i].pos.ycoord = ysize + zsize;
  cube[i].pos.zcoord = 0;
  cube[i].option = 1;

  i++;
  cube[i].pos.xcoord = 0;
  cube[i].pos.ycoord = ysize + zsize;
  cube[i].pos.zcoord = 0;
  cube[i].option = 1;

  i++;
  cube[i].pos.xcoord= 0;
  cube[i].pos.ycoord= ysize;
```

```
    cube[i].pos.zcoord= 0;
    cube[i].option = 1;

    i++;
    cube[i].pos.xcoord = 0;
    cube[i].pos.ycoord = ysize;
    cube[i].pos.zcoord = zsize;
    cube[i].option = 1;

    i++;
    cube[i].pos.xcoord = zsize;
    cube[i].pos.ycoord = ysize;
    cube[i].pos.zcoord = zsize;
    cube[i].option = 1;

    i++;
    cube[i].pos.xcoord = zsize;
    cube[i].pos.ycoord = ysize;
    cube[i].pos.zcoord = zsize;
    cube[i].option = 1;

    i++;
    cube[i].pos.xcoord = zsize;
    cube[i].pos.ycoord = ysize + zsize;
    cube[i].pos.zcoord = zsize;
    cube[i].option = 1;

    i++;
    cube[i].pos.xcoord = zsize;
    cube[i].pos.ycoord = ysize + zsize;
    cube[i].pos.zcoord = 0;
    cube[i].option = 1;

    i++;
    cube[i].pos.xcoord = zsize;
    cube[i].pos.ycoord = ysize;
    cube[i].pos.zcoord = 0;
    cube[i].option = 0;

    i++;
    cube[i].pos.xcoord = zsize;
    cube[i].pos.ycoord = ysize;
    cube[i].pos.zcoord = zsize;
    cube[i].option = 1;

    return;
}
```

Listing 4-2: *Das Modul* pwb03b.c *füllt den Vektor.*

Das nächste Modul *pwb03c.c* stellt mit der Funktion *show_cube* den Würfel auf
dem Bildschirm dar.

```
// PWB03C.C  Bestandteil des Projektes PWB03

#include "pwb03.h"
#include <graph.h>

extern struct form_struc cube[]; // Würfel
extern struct videoconfig video; // Video-Konfiguration

void show_cube (float alpha)
{

  int count, i, versatz;
  struct xyzcoord offsets;
  struct _xycoord res_3d;
  float phi;
  char buffer[64];

  versatz = video.numxpixels / 7;
  for (count = 0; count < 6; count++)
  {
    offsets.zcoord=0;

    phi = 15.0 * (count + 1);
    offsets.xcoord = (versatz * count) + (versatz / 2);
    offsets.ycoord = versatz;

    // Den Würfel anzeigen
    for (i = 0; i < 12; i++)
    {
      res_3d=make_3d(cube[i].pos, offsets,
                     w2bm(alpha), w2bm(phi));
      if (cube[i].option)
        _lineto(res_3d.xcoord,res_3d.ycoord);
      else
        _moveto(res_3d.xcoord,res_3d.ycoord);
    }
  }

  _setcolor(15);
  sprintf(buffer,
          "Winkel %c %5.2f",
          224, alpha);
```

```
    _settextposition(22, 1);
    _outtext(buffer);

    return;

}
```

Listing 4-3: *Das Modul* pwb03c.c *stellt den Würfel dar.*

Das Modul *pwb03d.c* enthält die Funktion, mit deren Hilfe die räumlichen Koordinaten zur Darstellung auf zweidimensionale Koordinaten umgerechnet werden. Diesen Vorgang nennt man auch Projektion.

```
// PWB03D.C  Bestandteil des Projektes PWB03

#include "pwb03.h"
#include <graph.h>
#include <math.h>

struct _xycoord make_3d
     (struct xyzcoord pos, struct xyzcoord offs,
      float alpha, float phi)
{
  struct xycoord result;
  int length;
  float tanalpha;

  length = (tanalpha = tan(alpha))
           ? (int)(pos.zcoord + offs.zcoord / tanalpha) : 0;

  result.xcoord = (int) (pos.xcoord + offs.xcoord
                      + (length * cos(phi)));
  result.ycoord = (int) (pos.ycoord + offs.ycoord
                      - (length * sin(phi)));

  return(result);
}
```

Listing 4-4: *Das Modul* pwb03d.c *rechnet die Koordinaten um.*

Und hier ist die mit *#include* eingebundene Datei *pwb03.h*.

```
// Header-Datei für Projekt PWB03

struct xyzcoord      // Zero-based x and y and z
{
  short xcoord;
  short ycoord;
  short zcoord;
};

struct form_struc            // Struktur Form
{
  struct xyzcoord pos;       // Koordinaten
  int option;                // _lineto oder _moveto
};

// Umrechnung Winkel in Bogenmaß
#define w2bm(grad) ((grad) / 180.0 * 3.1415927)

// Funktions-Prototypen
void build_cube (int);        // in PWB03B.C

struct _xycoord make_3d        // in PWB03D.C
   (struct xyzcoord, struct xyzcoord, float, float);

void show_cube (float);        // in PWB03C.C
```

Listing 4-5: *Die Datei* pwb03.h *gehört auch noch dazu.*

Aus den Teilen ein Ganzes zusammensetzen

Sie haben nun die einzelnen Dateien erfaßt und auch gesichert. Jetzt beginnt das Einrichten des Projektes, es soll *pwb03* heißen, und das daraus entstehende lauffähige Modul wird demzufolge *pwb03.exe* sein. Der Name des Projektes entspricht normalerweise dem des lauffähigen Moduls. Wenn es anders sein soll, müßten Sie mit einer entsprechenden Linker-Option den abweichenden Namen für das auszuführende Modul vorgeben. Wir raten davon ab, da das Starten eines solchen Programms aus der Workbench heraus nicht ohne weiteres funktioniert; denn die Workbench versucht, eine Datei mit dem Namen proj.*exe* zu starten. Verwenden Sie deshalb für das Projekt stets den Namen, den auch das ausführbare Modul tragen soll. Es besteht allerdings keine Notwendigkeit einer Übereinstimmung zwischen dem Namen des Projektes und den Namen der zusammengefügten Module.

Zum Einrichten eines neuen Projektes wählen Sie *PROJECT / NEW PROJECT*. Sie werden zuerst gefragt, wie das Projekt heißen soll, mit welchem *Runtime-Support* und welchem *Project Template* es ausgestattet sein soll.

```
────────────────────── New Project ──────────────────
Project Name: [C:\C700\SOURCE\pwb03·····························]

Current Runtime Support:   C
Current Project Template:  DOS EXE

<Set Project Template...>

                                < OK >  <Cancel>  < Help >
```

Abbildung 4-1: *Die Dialogbox für* New Project.

Sie kennen diese Abfrage ja noch vom ersten Einrichten der Workbench. Sofern Sie jetzt ein anderes *Project Template* als das aktuelle wählen wollen, erscheint auf *Set Project Template* hin die bereits bekannte Dialogbox. Bei weiteren Fragen zur Auswahl verweisen wir auf Kapitel 2.

Geben Sie als Namen des Projektes *pwb03* an. Sie können entweder an das Ende der Vorgabe schreiben, so daß dort der voll ausgeschriebene Pfad steht, oder Sie beginnen in der ersten Stelle. Dann wird die Projektdatei im aktuellen Verzeichnis angelegt. Es reicht, *pwb03* zu schreiben. Die Dateinamen-Erweiterung *mak* fügt die Workbench selbst hinzu. Die Dialogbox zum Einrichten des Projektes erscheint.

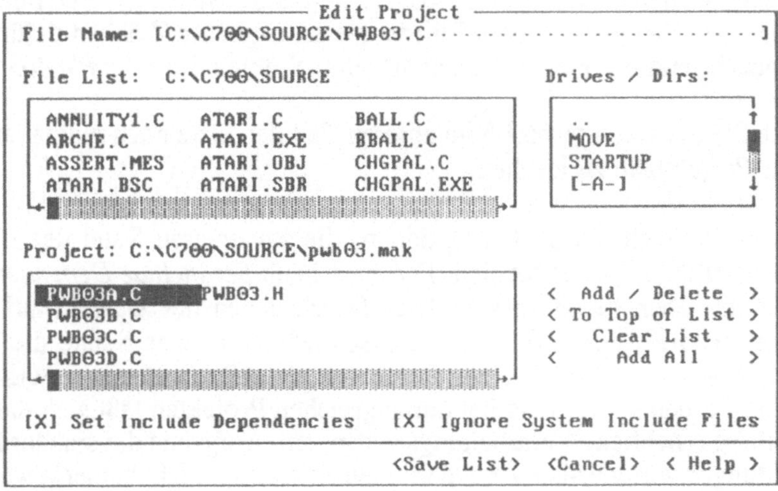

Abbildung 4-2: *Die Dialogbox zum Einrichten des Projektes.*

Sie funktioniert wie zum Beispiel jene, die Sie bei der Suche über mehrere Dateien kennengelernt haben. Sie können im oberen Bereich Dateien auswählen und dadurch in die untere Box übertragen. Ist eine Datei versehentlich in den unteren Bereich gelangt, so können Sie sie nochmals anwählen, und sie wird ausgetragen.

Wählen Sie für unser Projekt die Dateien aus, die Sie eingegeben und auch gespeichert haben: *pwb03a.c*, *pwb03b.c*, *pwb03c.c*, *pwb03d.c* und, weil sie ja auch zum Projekt gehört, *pwb03.h*. Falls die Dateien im unteren Feld nicht in der richtigen Reihenfolge stehen, können Sie jeweils eine mit *To Top Of List* an die oberste Position der Liste verschieben. Für die Programmierung mit C spielt die Reihenfolge der Dateien keine Rolle, für das Arbeiten mit BASIC ist sie jedoch von Bedeutung. Aber unterstellt, Sie seien ein ordnungsliebender Mensch, würden Sie bestimmt die Dateien dort unten in aufsteigender Reihenfolge vorfinden wollen.

Wenn Sie alle Dateien eingegeben haben, betätigen Sie *Save List*. Die Dateien werden daraufhin kontrolliert, welche Include-Dateien in ihnen enthalten sind; denn die Workbench stellt für die generierte *NMAKE*-Datei automatisch auch die Abhängigkeiten zu den Include-Dateien her.

Die Workbench wird Ihnen während des *Save List* eine Fehlermeldung gezeigt haben, nämlich daß die Datei *pwb03.h* nicht berücksichtigt wird. Sie gehört zwar zum Projekt, aber Header-Dateien und andere Include-Dateien brauchen grundsätzlich nicht in die Liste aufgenommen zu werden, da die Abhängigkeiten ja wie gesagt automatisch festgestellt werden. Um *pwb03.h* nun aus der Projektliste zu entfernen, wählen Sie das Menü *PROJECT* an. Sie sehen hinter *EDIT* den Namen *PWB03*. Der Name hinter dem Edit ist ein untrügliches Zeichen dafür, daß die Workbench jetzt mit einem Projekt arbeitet. Wählen Sie Edit *PWB03*.

Wählen Sie die Datei *pwb03.h* im unteren Teil der Liste noch einmal an, um sie aus der Projektliste zu löschen.

Beachten Sie auch die beiden Optionen, die am unteren Rand der Dialogbox standardmäßig eingeschaltet sind. Die erste heißt *Set Include Dependencies* und bewirkt das oben bereits geschilderte Durchsuchen der Dateien auf Include-Dateien. *Ignore System Include Files* schließt von jener Suche die mit dem Compiler ausgelieferten Include-Dateien aus, weil an denen sowieso nichts geändert werden sollte. Und bei umfangreichen Projekten läßt sich dank dieser Einstellung erhebliche Verarbeitungszeit sparen. Aufgrund der standardmäßigen Einstellungen würden also Veränderungen an *graph.h* nicht bemerkt werden (ein *System Include File*), eine Änderung von *pwb03.h* andererseits würde zur erneuten Verarbeitung führen.

```
┌─────────────────────── LINK Options ───────────────────────┐
│                                                             │
│ ┌──────────────────── Global Options ────────────────────┐ │
│ │ [ ] Stack Size [ ········ ] bytes                       │ │
│ │ [ ] No Default Library Search   < Additional Global Options... >  │ │
│ │                                                         │ │
│ │ Additional Global Libraries   [+graphics··················· ] │ │
│ │                                                         │ │
│ │ Global Options: /NOI /BATCH /ONERROR:NOEXE              │ │
│ └─────────────────────────────────────────────────────────┘ │
└─────────────────────────────────────────────────────────────┘
```

Abbildung 4-3: *Die Grafik-Bibliothek muß mit eingebunden werden.*

Wenn Sie *Save List* wählen, werden die Dateien des Projektes erneut durchsucht. Nunmehr ist das Projekt komplett eingerichtet — fast. Schalten Sie noch unter *OPTIONS / LINK OPTIONS* das Einbinden der Grafik-Bibliothek mit ein.

Jetzt ist es soweit, Sie können mit *PROJECT / REBUILD ALL* das Projekt erstellen lassen. Wir haben von uns aus keine Fehler eingebaut, vielleicht sind Ihnen jedoch beim Abtippen welche unterlaufen. In diesem Fall werden Sie beim Suchen der Fehler (*PROJECT / NEXT ERROR*) die Bequemlichkeit zu schätzen wissen, mit der die Workbench auch Projekte aus mehreren Dateien unterstützt.

Wenn es dann soweit ist und *pwb03.exe* fehlerfrei erstellt wurde, starten Sie es. Es erzeugt das untenstehende Bild.

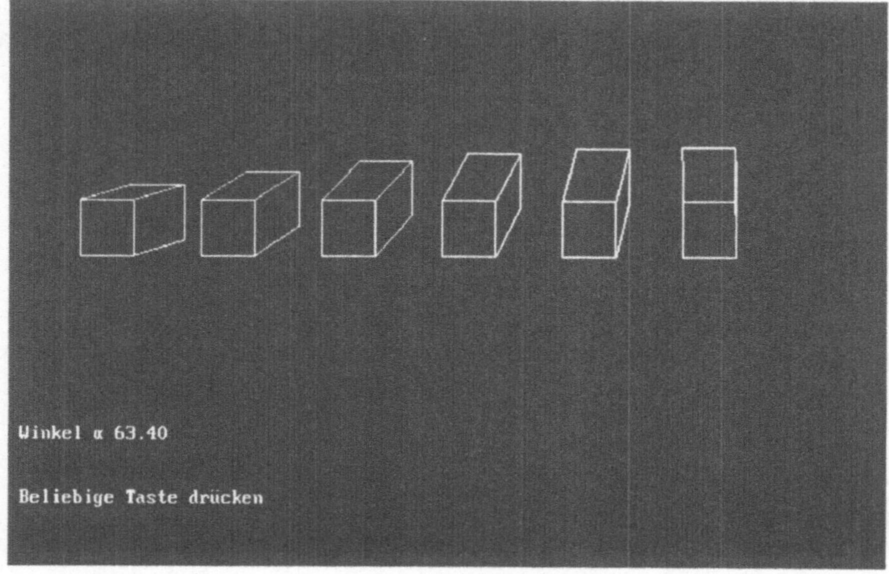

Abbildung 4-4: *Die Darstellung des Programms* pwb03.exe.

Sofern Sie die Browse-Option angeschaltet haben, können Sie sich jetzt mit Hilfe
des Browsers die verwendeten Variablen oder die Hierarchie der Funktionen
anschauen. Der Browser führt Sie grenzenlos über alle Quell-Texte.

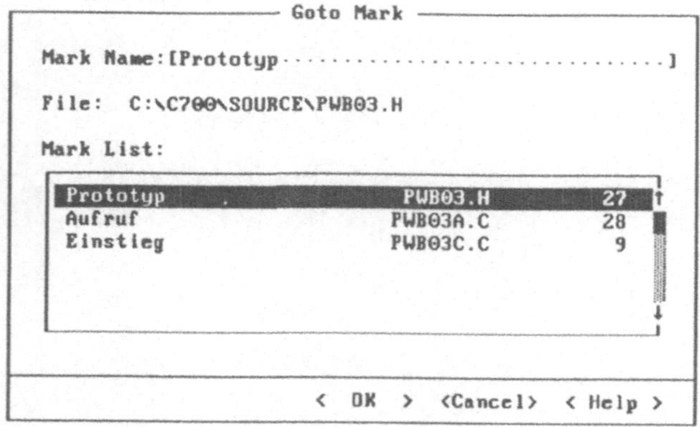

Abbildung 4-5: *Die Ausgabe von* Module Outline.

Eine weitere Funktion der Workbench, die erst bei Projekten aus mehreren Quell-
Texten ihre volle Wirkung entfalten kann, ist das Markieren bestimmter
Textstellen. Markieren Sie nacheinander in *pwb03a.c* den Aufruf von *show_cube*,
in *pwb03.h* den Funktionsprototypen von *show_cube* und in *pwb03c.c* den
Einstieg in die Funktion. Dann können Sie die markierten Punkte von einer
beliebigen Stelle aus anwählen.

Abbildung 4-6: *Die Markierungen im Projekt.*

Sie können das Programm direkt laufen lassen, Sie können es aber auch mit *CodeView* untersuchen. Dabei läßt sich der Verlauf im einzelnen verfolgen, wie wir es bereits im letzten Kapitel geschildert haben. **Wichtig:** Da es sich um ein Grafik-Programm handelt, sollten Sie unter *OPTIONS / CODEVIEW OPTIONS Swap Screen in Buffers* einschalten. Gehen Sie einmal schrittweise durch das Programm. Dabei können Sie im Fenster für den Quell-Text den Wechsel zwischen einzelnen Dateien genau nachvollziehen.

Noch ein Hinweis zum Arbeiten mit Projekten. Nehmen wir an, Sie haben jetzt genug vom Arbeiten mit dem Projekt *pwb03*. Sie können einfach die Workbench beenden oder vorher das Projekt unter *PROJECT / CLOSE* schließen. Die Daten des Projektes werden automatisch mit gesichert.

Wenn Sie die Workbench zu einer neuen Session wieder aufrufen, werden Ihnen automatisch alle Fenster so dargestellt, wie sie beim Verlassen waren. Aha, könnten Sie denken, dann weiter mit dem Projekt. Sie nehmen eine kleine Änderung an *pwb03.h* vor. Ergänzen Sie am Ende der Datei:

```
void backgr (int);    // In PWB03E.C
```

(Sie sehen, wir haben noch etwas vor.) Jetzt müßte ja eigentlich das Projekt neu erstellt werden, wenn Sie *PROJECT / BUILD* ... wählen wollen. Doch nichts geht so richtig, und wenn Sie das Programm neu bauen wollen, sind nicht einmal die Namen im Menü eingetragen. Was ist geschehen? Die Workbench hat beim Wiederstarten zwar alle Fenster geöffnet, aber das Projekt, die sinnbildliche Klammer um diese einzelnen Module, wurde nicht wieder aktiviert. Das ist sehr verwirrend, eine Falle, in die man leicht einmal tappt. Mit *PROJECT / OPEN* öffnen Sie das Projekt wieder.

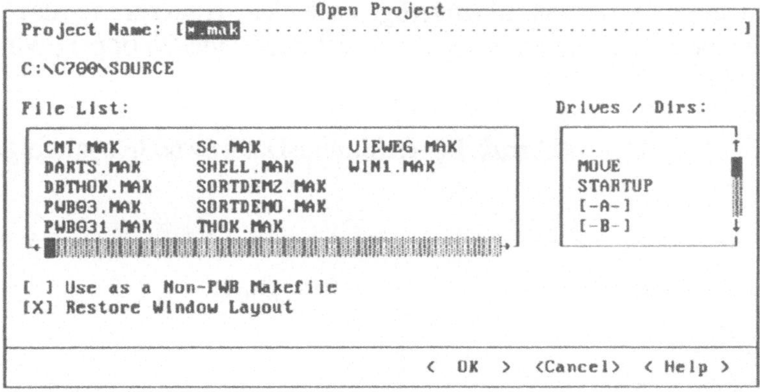

Abbildung 4-7: *Die Dialogbox zum Öffnen eines Projektes.*

Neben der Auswahl an bestehenden Projekten bietet die Dialogbox zwei Optionen an: *Use as a non-PWB makefile* ermöglicht die Verwendung von Make-Dateien, die nicht von der Workbench, sondern von Hand erstellt oder nachträglich verändert wurden. Unsere Datei *pwb03.mak* hingegen ist eine echte PWB-Make-Datei, deshalb brauchen wir diese Option nicht.

Die zweite Option *Restore Window-Layout* öffnet alle Fenster so, wie sie beim letzten Verlassen des Projektes waren. Das ist recht hilfreich, kann aber auch stören. Was für Sie praktischer ist, müssen Sie von Fall zu Fall entscheiden.

Übrigens gibt es den Parameter */PL*, mit dem Sie die Workbench aufrufen können, damit das zuletzt bearbeitete Projekt gleich wieder geöffnet wird:

```
C>PWB /PL
```

Dieser Parameter bewahrt uns vor der Falle, in die Sie und wir vorhin getappt sind — und beschert uns gleich eine neue. Leider aktiviert dieser Schalter das zuletzt bearbeitete Projekt, auch wenn zum Ende der letzten Session gar kein Projekt aktiv war. Man arbeitet also an kleineren Programmen (ohne Projekt) und ruft die Workbench auf, um daran weiterzuarbeiten. Ohne daß es sich sofort erkennen läßt, ist das Projekt von vor zwei Wochen aktiviert, und ein *Build* erzeugt ungewollt eine neue Version dieses Projektes. Also — immer die Augen auf.

Das Projekt wird erweitert

Die Änderung in *pwb03.h* hat es bereits angekündigt (wenn Sie sie bisher noch nicht durchgeführt haben; bitte nachholen!): Wir erweitern jetzt das Projekt. Es wird eine weitere Funktion hinzugefügt, die den Hintergrund des Bildes verändert. Keine Sorge, Sie brauchen dafür nicht mehr viel zu tippen, wir halten das Listing kurz.

Öffnen Sie das Projekt *pwb03.mak*. Legen Sie eine Datei *pwb03e.c* mit folgendem Inhalt an.

```
// PWB03E.C  Bestandteil des Projektes PWB03

#include <graph.h>

extern struct videoconfig video;  // Video-Konfiguration
extern int color1;                // Farbe
```

```c
void backgr (int farbe)
{

  _rectangle ((farbe) ? _GFILLINTERIOR : _GBORDER,
              0, 0,
               video.numxpixels - 1,
              (video.numypixels * 2) / 3);
  if (farbe)
    _setcolor(color1 = 4);

  return;
}
```

Listing 4-6: *Das ergänzende* pwb03e.c.

Dieser Programmabschnitt zieht je nachdem, ob die laufende Konfiguration farbfähig ist oder nicht, entweder nur einen Rahmen, oder der obere Bereich wird weiß unterlegt und der Wert von *color1* so geändert, daß die Darstellungen anschließend in Rot erfolgen.

Jetzt müssen Sie auch dafür sorgen, daß die Funktion *backgrd* aufgerufen wird. Das sollte von *main* aus geschehen nach dem Aufruf der Funktion *setvideo* und auf jeden Fall vor dem Zeichnen der Darstellung. Wir haben die geeignete Stelle in Listing 4-1 bereits gekennzeichnet, so daß Sie dort ergänzen können:

```c
backgr(farbe);
```

Starten Sie jetzt das Programm erneut. Entweder haben Sie *PROJECT / BUILD pwb03.exe* oder *PROJECT / REBUILD ALL* gewählt, dann geht der Erstellungsprozeß sofort los. Oder Sie haben *RUN / EXECUTE pwb03.exe* beziehungsweise den Aufruf des Debuggers gewählt. Dann werden Sie erst gefragt, ob Sie nicht die alte Version starten wollen oder ob die Datei neu erzeugt werden soll. Ja, *Build pwb03.exe*.

Die Fehlermeldung, daß die Funktion *backgr* nicht verfügbar sei, wundert Sie, denn schließlich haben Sie sie ja gerade geschrieben. Sie haben sie aber noch nicht in das Projekt eingebunden. Im Moment 'weiß' das Projekt noch nichts von der Datei *pwb03e.c*. Wählen Sie also *PROJECT / EDIT PWB03*. Ergänzen Sie die untere Dateiliste um *pwb03e.c*. Dann beenden Sie mit *Save List,* und die Dateiliste ist erweitert. Wenn Sie jetzt das Projekt noch einmal durchlaufen lassen, sollte das lauffähige Programm folgendes Bild erzeugen:

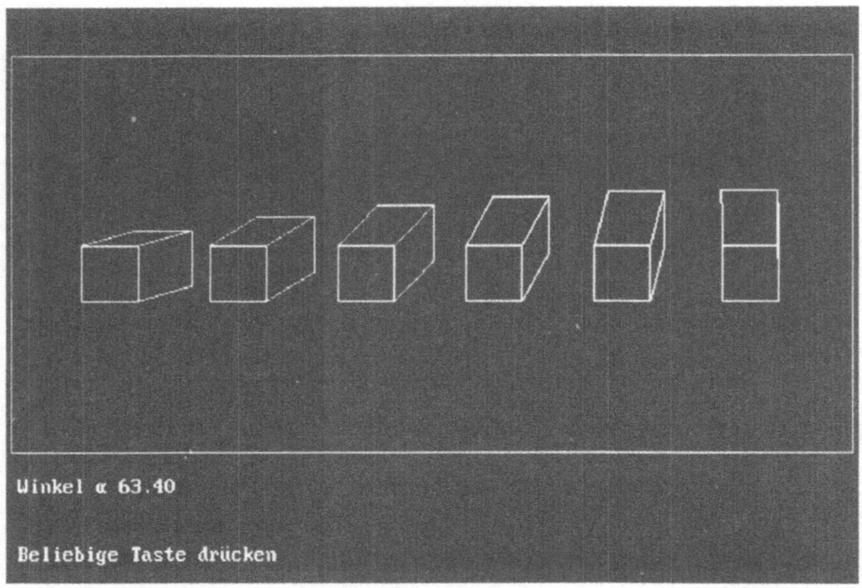

Abbildung 4-8: *Das Bild wird mit einem Rahmen verziert.*

Übrigens wird Ihnen während der letzten Tätigkeiten die unterschiedliche Bedeutung von *Build Target* und *Rebuild All* klargeworden sein. Solange die Programme lediglich aus einem Modul bestanden, waren beide gleichbedeutend, doch nun wird es deutlich. Unter *Build Target* bedeutet eine Änderung von *pwb03c.c* <u>nicht</u>, daß *pwb03a.c* neu kompiliert wird. Eine Veränderung in *pwb03.h* würde ihrerseits das Kompilieren all jener Module bewirken, in denen diese Datei per `#include` eingebunden ist. *Rebuild All* würde jedoch in jedem dieser Fälle ein Kompilieren <u>aller</u> Module bedeuten.

Eine Bibliothek aufbauen

Sie könnten auf den Gedanken kommen, die Funktion zum Umrechnen der räumlichen in flächige Koordinaten auch in anderen Grafikprogrammen einzusetzen. *make_3d* wäre als Grundstein einer Bibliothek mit 3D-Grafikfunktionen recht geeignet. Also, was hält Sie davon ab, diese Bibliothek aufzubauen?

Die Workbench unterstützt auch das Erstellen von Bibliotheken. Die Quell-Datei für die Bibliotheksfunktion liegt bereits vor, es ist *pwb03d.c.* Sie brauchen in diesem Abschnitt extrem wenig einzutippen. Die Bibliothek wird, um in der Systematik dieses Buches zu bleiben, *pwb04.lib* heißen.

Schließen Sie ein eventuell geöffnetes Projekt, und wählen Sie *PROJECT / NEW PROJECT*. Geben Sie, wie auch beim Anlegen anderer Projekte, den Namen *pwb04* ein. (Auch Projekte zum Erstellen einer Bibliothek heißen project.*mak*. Sie müßten auf einen anderen Namen ausweichen, wenn es zusätzlich noch ein Projekt zum Erstellen eines Programms *pwb04.exe* geben sollte.)

Nach dem Eingeben des Namens wechseln Sie zu *Set Project Template*. Als *Runtime Support* wählen Sie *None* (wichtig). Dann blättern Sie in der Liste der *Project Templates* und suchen den Eintrag *Library*. Falls Sie ihn nicht finden: Er steht nur zur Verfügung, wenn der *Runtime Support* auf *None* gesetzt ist.

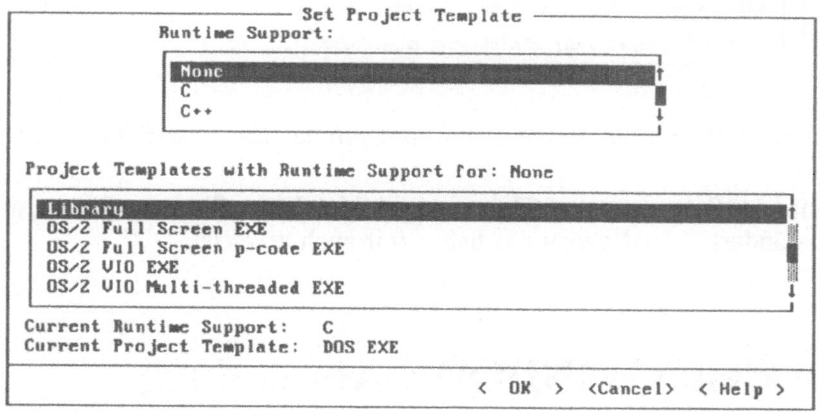

Abbildung 4-9: *Die Einstellungen für den Aufbau einer Bibliothek.*

Wechseln Sie mit *OK* in das Fenster, in dem die Dateiliste für das Projekt erstellt wird. Hier nehmen Sie als einzige Datei *pwb03d.c* auf. Mit *Save List* beenden Sie die Dialogbox.

Damit haben Sie auch schon alle erforderlichen Einstellungen vorgenommen. Nun können Sie mit *PROJECT / BUILD pwb04.lib* die Datei erstellen. Beim Einstellen einer neuen Objekt-Datei in die (beim ersten Mal frisch erstellte) Bibliothek erfolgt zwar ein Fehlerhinweis, weil die Anweisung `-+pwb04d.obj` die alte Version nicht löschen kann. Ignorieren Sie diesen Hinweis einfach.

Damit ist die Bibliothek erstellt. Um sie auch in ihrer Funktion auszuprobieren, wechseln Sie mit *PROJECT / OPEN PROJECT* zum Projekt *pwb03*. Das bislang aktive Projekt *pwb04* wird dabei geschlossen.

Eine Funktion, die Sie über eine Bibliothek in ein Projekt einbringen, sollte natürlich nicht zusätzlich als separate Objekt-Datei mit einfließen. Wechseln Sie deshalb über *PROJECT / EDIT PWB03* in die Dialogbox zum Verändern des Projektes. Löschen Sie aus dem unteren Teil der Liste die Datei *pwb03d.c*, und beenden Sie mit *Save List*.

Jetzt müssen Sie noch die Link-Optionen des Projektes so verändern, daß die neue Bibliothek mit eingebunden wird.

```
┌──────────────────────────────── LINK Options ────────────────────────────────┐
│ ┌──────────────────────────── Global Options ────────────────────────────┐   │
│ │ [ ] Stack Size [........] bytes                                         │   │
│ │ [ ] No Default Library Search    <  Additional Global Options...   >    │   │
│ │                                                                         │   │
│ │ Additional Global Libraries    [+graphics+pwb04....................]    │   │
│ │                                                                         │   │
│ │ Global Options: /NOI /BATCH /ONERROR:NOEXE                              │   │
│ └─────────────────────────────────────────────────────────────────────────┘ │
└──────────────────────────────────────────────────────────────────────────────┘
```

Abbildung 4-10: *Geben Sie bei den Link-Optionen die neue Bibliothek an.*

Jetzt wird das Programm *pwb03.exe* neu gebildet. Wenn Sie es ausführen, arbeitet es unverändert — und genau das haben wir auch erwartet.

Eine kleine WINDOWS-Anwendung

Bunter und — Soundkarte sei dank — lauter, so präsentieren sich immer mehr Anwendungen unter WINDOWS. Und die Tatsache, daß sich mit den zum Lieferumfang von Microsoft C 7.0 / C++ gehörenden Funktionen jetzt vollständige WINDOWS-Programme entwickeln lassen, wird die Zahl der Anwendungen noch weiter in die Höhe treiben.

Immerhin verbinden sich mit der WINDOWS-Programmierung unter C noch einige Klippen, aber die zu überwinden ist eine interessante Herausforderung. Wir werden in diesem Abschnitt nicht die WINDOWS-Programmierung als solche erklären, denn dazu würde der Platz dieses Buches gewiß nicht ausreichen. Aber wir zeigen Ihnen anhand eines kleinen Projektes, wie Sie ein eigenes WINDOWS-Programm zum Laufen bekommen. Um Ihnen allzuviel unnötige Tipperei zu ersparen, haben wir dem Programm keine eigentliche Funktion verliehen, es ist lediglich in der Lage, auf die Auswahl von Menüpunkten zu reagieren und beendet zu werden. Wenn Sie sich bereits mit WINDOWS-Programmierung auskennen, ist für Sie die Information interessant, wie Sie Quell-Texte, Ressourcen-Beschreibung und die Definitions-Datei 'unter einen

Hut' bekommen. Kennen Sie sich in dem Gebiet noch nicht aus, so hoffen wir, daß Sie durch unser kleines Beispiel ein wenig Appetit bekommen und sich dann anhand geeigneter Literatur weiter informieren. So oder so gesehen soll unser Projekt *pwb05* nur eine kleine Anregung sein.

Wenn Sie die Workbench üblicherweise unter DOS betreiben, sollten Sie spätestens jetzt zu WINDOWS wechseln. Das Umschalten von der Entwicklungsumgebung zum Starten des Programms wäre sonst zu aufwendig.

Fangen Sie am besten auf einer ganz leeren Workbench an: Löschen Sie mit *WINDOW / CLOSE ALL* alle geöffneten Fenster, schließen Sie mit *PROJECT / CLOSE PROJECT* ein eventuell aktives Projekt. Nun kann es losgehen. Wie auch beim ersten Projekt sollten Sie zuerst die Quell-Texte erfassen. Da ist in *pwb05a.c* das Hauptprogramm mit der Funktion *WinMain*. Die Funktion zum Verarbeiten einer ausgewählten Menüoption haben wir (vom Umfang her eigentlich unnötig) in den gesonderten Quell-Text *pwb05b.c.* gepackt. Die Beschreibung der Ressourcen findet sich in *pwb05.rc*, die Definitionsdatei für die Anwendung ist *pwb05.def*.

Damit das Ganze gut aussieht, sollten Sie ein ansprechendes Icon auswählen. Notieren Sie sich den Datei-Namen (`*.ico`) eines Icons, das Ihnen gefällt. Vielleicht gestalten Sie mit dem Image-Editor selber eines, Ihnen sind da keine Grenzen gesetzt. Wir haben es uns einfach gemacht: Uns gefiel ein Icon aus den Programmbeispielen (`c700\mfc\samples\hello.ico`) so gut, daß wir es als *pwb05.ico* in das Verzeichnis kopiert haben, in dem wir unsere Programme entwickeln.

Damit wäre eine der erforderlichen Dateien bereits vorhanden, es sind dann nur noch die restlichen Dateien einzutippen. Achten Sie bitte auf folgendes: Da WINDOWS, anders als der Editor der Workbench, mit dem ANSI-Zeichensatz arbeitet, müssen Sie alle Umlaute, die nachher auf dem Bildschirm erscheinen

Zeichen	ASCII-Wert
Ä	196
ä	228
Ö	214
ö	246
Ü	220
ü	252
ß	223

sollen (in Texten oder Menüpunkten), in verändertem Code eingeben. Geben Sie den Code mit gedrückter *<ALT>*-Taste über den Ziffernblock ein. Dabei ist noch eine Besonderheit der Workbench zu beachten: Der Ziffernblock muß auf *Num Lock* umgeschaltet werden, damit Sie den ASCII-Wert eingeben können.

Beginnen Sie mit dem ersten Quell-Text *pwb05a.c*.

```
// PWB05A.C  Bestandteil des Projektes PWB05

//    Include-Dateien
#include <windows.h>
#include "pwb05.h"

//    Variablen
char            szAppName[5];
char            szTitel[25];
HWND            hWndMain;
HANDLE          hInst;

// Funktions-Prototypen
int  PASCAL      WinMain(HANDLE, HANDLE, LPSTR, int);
BOOL             InitFirstInst(HANDLE);
BOOL             InitAllInst(HANDLE, int);
long FAR PASCAL  WndProc(HWND, WORD, WORD, LONG);
void             InitVar(void);
void             Paint(HDC hDC) { }
void             MSelect(HWND, WORD);

//    WinMain: Einsprung für WINDOWS
int PASCAL WinMain(HANDLE hInstance,
                   HANDLE hPrevInstance,
                   LPSTR  lpszCmdLine,
                   int nCmdShow)
{
  MSG     msg;

  if (!hPrevInstance)
  {     // Initialisierung für erste Instanz
    // Zeichenketten laden
    LoadString(hInstance, IDSTR_NAME,
               (LPSTR) szAppName, 8);
    LoadString(hInstance, IDSTR_TITEL,
               (LPSTR) szTitel, 20);
    if (!InitFirstInst(hInstance))
      return (FALSE);
  }
  else
  {     // Daten aus voriger Instanz kopieren
```

```c
      GetInstanceData
          (hPrevInstance, (PSTR) szAppName, 8);
      GetInstanceData
          (hPrevInstance, (PSTR) szTitel, 20);
   }

   InitAllInst(hInstance, nCmdShow);

   // Meldungen aus Warteschlange wählen
   while (GetMessage((LPMSG) &msg, NULL, 0, 0))
   {
     TranslateMessage((LPMSG) &msg);
     DispatchMessage( (LPMSG) &msg);
   }

   return ((int) msg.wParam);
}

// Initialisierung für erste Instanz
BOOL InitFirstInst(HANDLE hInstance)
{
   WNDCLASS    PWBClass;

   // Fensterklasse definieren
   PWBClass.hCursor = LoadCursor(NULL, IDC_ARROW);
   PWBClass.hIcon =
       LoadIcon(hInstance,MAKEINTRESOURCE(PWB_ICON));
   PWBClass.lpszMenuName = (LPSTR) NULL;
   PWBClass.lpszClassName = (LPSTR) szAppName;
   PWBClass.hbrBackground =
       (HBRUSH) CreateSolidBrush(RGB(255, 255, 255));
   PWBClass.hInstance = hInstance;
   PWBClass.style = CS_HREDRAW | CS_VREDRAW;
   PWBClass.lpfnWndProc = WndProc;
   PWBClass.cbClsExtra = 0;
   PWBClass.cbWndExtra = 0;

   return (RegisterClass((LPWNDCLASS) &PWBClass))
         ? TRUE : FALSE;
}

// Initialisierung aller Instanzen
BOOL InitAllInst(HANDLE hInstance, int nCmdShow)
{
   // Fenster erzeugen
   hWndMain = CreateWindow((LPSTR) szAppName,
              (LPSTR) szTitel,
              WS_OVERLAPPEDWINDOW | WS_CLIPCHILDREN,
              100, 100, 450,  200,  // Umfang
```

```
                (HWND) NULL,
                (HMENU) LoadMenu(hInstance,
                        (LPSTR) "PWBMenu"),
                (HANDLE) hInstance,
                (LPSTR) NULL);

  hInst = hInstance;
  ShowWindow(hWndMain, nCmdShow);
  UpdateWindow(hWndMain);

  return (TRUE);
}

// Fensterfunktion der Fensterklasse
long FAR PASCAL WndProc
    (HWND hWnd, WORD wMsg, WORD wParam, LONG lParam)
{
  PAINTSTRUCT ps;

  switch (wMsg)
  {
    case WM_COMMAND:
          MSelect(hWnd, wParam);
          break;

    case WM_DESTROY:
          PostQuitMessage(0);
          break;

    case WM_PAINT:
          BeginPaint(hWnd, (LPPAINTSTRUCT) &ps);
          Paint(ps.hdc);
          ValidateRect(hWnd, (LPRECT) NULL);
          EndPaint(hWnd, (LPPAINTSTRUCT) &ps);
          break;

    default:
          return (DefWindowProc(hWnd, wMsg, wParam, lParam));
          break;
  }

  return (0L);
}
```

Listing 4-7: *Das Hauptmodul* pwb05a.c.

Die eigentlichen Funktionen wurden in die Datei *pwb05b.c* ausgelagert. Das wäre vom Umfang der Dateien eigentlich nicht nötig gewesen, soll das Beispiel aber ein wenig 'aufblasen'.

```c
// PWB05B.C      Bestandteil des Projektes PWB05
// Include-Dateien
#include <windows.h>
#include "pwb05.h"
// Externe Variablen
extern HWND             hWndMain;

// Menü-Auswahl
void MSelect(HWND hWnd, HANDLE wParam)
{
 HBITMAP hBitmap;
 HMENU hMenu;

 hMenu = GetMenu(hWnd);
 if (hWnd == hWndMain)
  switch(wParam)
   {
     case MN_HILFE:
       MessageBox
           (hWnd,           // ü = ALT 252
             (LPSTR) "Beenden Sie das Programm über "
                     "DATEI / ENDE oder mit <ALT F4>",
             (LPSTR) "Hilfe zu PWB05",
         MB_OK | MB_ICONINFORMATION);
         break;
     case MN_UEBER:
       MessageBox
           (hWnd,
             (LPSTR) "PWB05 zeigt das Erzeugen "
                     "einer WINDOWS-Anwendung.",
             (LPSTR) "Was will uns dieses Programm sagen?",
             MB_OK | MB_ICONQUESTION);
         break;
     case MN_ENDE:
         DestroyWindow(hWnd);
         break;
     default:
       MessageBox
          (hWnd,
            (LPSTR) "Funktion gibt's nicht "
                    "und wird's nie geben",
            (LPSTR) "Menü-Auswahl",   // ü = ALT 252
         MB_OK | MB_ICONSTOP);
         break;
   }
   return;
}
```

Listing 4-8: *Das zweite Modul* pwb05b.c.

Es folgt die Datei mit der Beschreibung der Ressourcen für die entstehende Anwendung, *pwb05.rc*. Diese Datei dient als Eingabe für den Ressourcen-Compiler *rc.exe*. Beachten Sie in der Datei bitte die Zeile `PWB_ICON ICON` `pwb05.ico`. Wenn Sie eine andere Icon-Datei verwenden wollen, müssen Sie die Zeile verändern. Das Einbinden der Datei *hello.ico* würde beispielsweise diese Angabe erfordern:

`PWB_ICON ICON hello.ico.`

Denken Sie auch bei den beiden folgenden Dateien an die Umlaute: *ü* schreibt sich mit *<ALT 252>*, das *Ö* mit *<ALT 214>*.

```
#include "windows.h"
#include "pwb05.h"

PWB_ICON ICON      pwb05.ico

STRINGTABLE
BEGIN
    IDSTR_NAME,           "PWB-Test"
    IDSTR_TITEL,          "Test für die PWB"
END


PWBMenu MENU
BEGIN
    POPUP "&Datei"
      BEGIN
            MENUITEM "&Neu",                    MN_NEU
            MENUITEM "&Öffnen...",              MN_OEFFNEN
            MENUITEM "&Sichern",                MN_SICHERN
            MENUITEM SEPARATOR
            MENUITEM "&Ende",                   MN_ENDE
            MENUITEM "&über PWB05..." ,         MN_UEBER
      END
    MENUITEM "\a&Hilfe F1",                     MN_HILFE
END
```

Listing 4-9: pwb05.rc, *die Eingabe für den Ressourcen-Compiler.*

Und zum guten Schluß schreiben Sie auch noch die Definitions-Datei ab, sie heißt *pwb05.def.*

Nun haben Sie eine ganze Menge von Dateien, aber noch kein Projekt. Wählen Sie *PROJECT / NEW PROJECT*. Geben Sie in der erscheinenden Dialogbox als Name für das Projekt *pwb05* an. Wählen Sie dann *Set Project Template*, denn mit der bisherigen Einstellung *DOS.EXE* würden Sie nicht weit kommen.

```
NAME      PWB05

DESCRIPTION 'PWB Demo für Microsoft Windows'

EXETYPE WINDOWS

STUB      'WINSTUB.EXE'

CODE      PRELOAD MOVEABLE DISCARDABLE
DATA      PRELOAD MOVEABLE MULTIPLE

SEGMENTS
        _PWB05A    PRELOAD     MOVEABLE
        _PWB05B    LOADONCALL MOVEABLE DISCARDABLE

HEAPSIZE  10240
STACKSIZE 8192

EXPORTS
        WndProc             @1
```

Listing 4-10: *Die Definitions-Datei* pwb05.def.

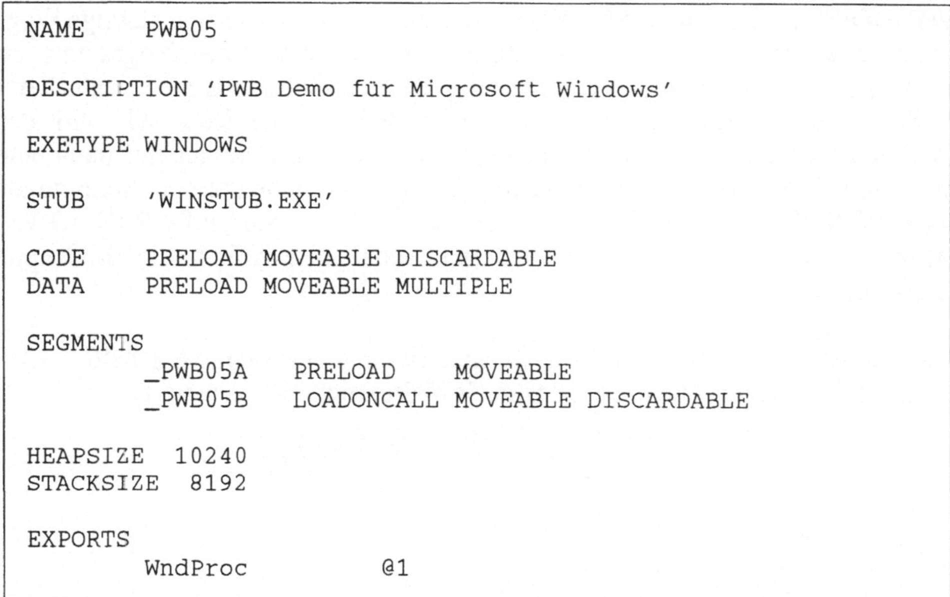

Abbildung 4-11: *Die erforderliche Einstellung für die WINDOWS-Anwendung.*

Stellen Sie den Runtime-Support für C ein und das *Project Template WINDOWS 3.1 EXE*. Nach *OK* gelangen Sie in die Dateiauswahlbox für das Projekt. Wählen Sie dort die Dateien *pwb05a.c, pwb05b.c, pwb05.rc* und *pwb05.def*. Damit sind alle nötigen Einstellungen getroffen. Die Icon-Datei sollten Sie nicht mit auswählen, sie würde nicht akzeptiert werden und fließt sowieso über die Ressourcen-Beschreibung in den Ressourcen-Compiler ein.

PROJECT / REBUILD ALL erzeugt, sofern Ihnen nicht beim Abschreiben ein Fehler unterlaufen ist, ein lauffähiges WINDOWS-Programm. Dann entsteht die Frage, wie Sie das Programm zum Laufen bringen. Sie können einerseits unter

WINDOWS ein Icon für das Programm einrichten. Das ist auch der richtige Weg, um eine fertige Applikation zu benutzen. Zum Austesten eines Programms, an dem noch gearbeitet wird, ist das allerdings zu umständlich, da Sie jedesmal erst in den *Program Manager* wechseln müssen, um dort das Icon und damit das Programm zu aktivieren. Sie können aus der Workbench heraus nur dann eine WINDOWS-Applikation so wie andere DOS-Programme starten, wenn zuvor unter WINDOWS der *WXServer* aktiviert wurde. Wenn Sie häufig WINDOWS-Anwendungen erstellen, könnte es sich auch lohnen, den *WXServer* in die Gruppe *Autostart* aufzunehmen.

Da zeigt es sich, unser *pwb05*! Das Fenster klar und übersichtlich gehalten, kein überflüssiger Schnickschnack, ganz auf's Wesentliche konzentriert.

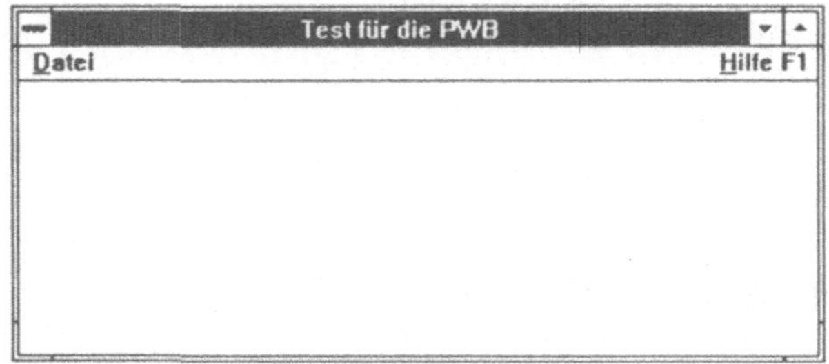

Abbildung 4-12: *Vorhang auf für* pwb05*!*

Es läßt sich ebenso wie andere WINDOWS-Programme bedienen. Sie können das Fenster verkleinern, vergrößern, verschieben. Sie können die Menüleiste aktivieren und auch einen der Menüpunkte anwählen. Der Text ist für Sie allerdings keine Überraschung mehr, denn Sie haben ihn ja selbst in *pwb05b.c* eingegeben. Drastisch weist er auf Schranken hin, die diesem Programm auferlegt wurden.

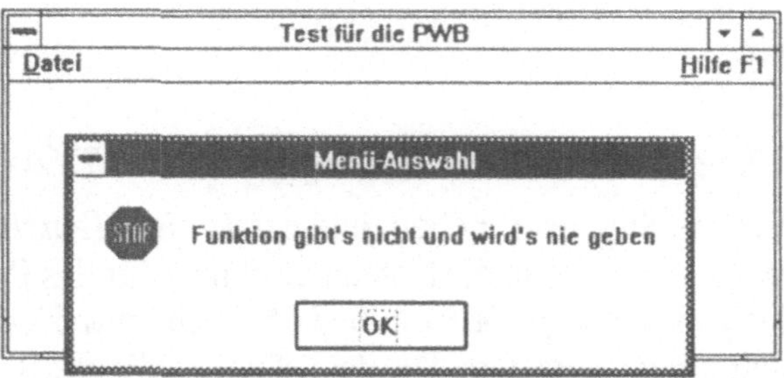

Abbildung 4-13: *Sie haben doch nicht etwa eine Funktion angewählt?*

Nach gehörigem Bewundern können Sie das Programm so beenden, wie Sie es auch von anderen WINDOWS-Anwendungen gewöhnt sind: Entweder über *DATEI / ENDE* oder über *<ALT F4>*.

Kapitel 5

Die Workbench
individuell konfigurieren

Dieses Kapitel beschäftigt sich eingehend mit den vielen Möglichkeiten, die Workbench Ihren persönlichen Bedürfnissen oder — was beispielsweise die Farbe angeht — Ihrem persönlichen Geschmack anzupassen.

Alle Einstellungen werden in der Datei *tools.ini* gespeichert. Dort können Sie einen Abschnitt erkennen, der mit [pwb] überschrieben ist. In ihm finden sich, jeweils mit einem Schlüsselwort versehen, Einträge, die für die Grundeinstellung der Workbench nach dem Neustart sorgen. Diese Einträge lassen sich, die Kenntnis der Syntax vorausgesetzt, auch direkt in der Datei editieren. Der komfortablere Weg führt allerdings über die verschiedenen Punkte des Menüs *OPTIONS*.

```
[pwb]
autosave: yes
envprojsave: yes
entab: 0
enterselmode: stream
printcmd: progli %s
color: background 0f
color: hilitectrl 0f
color: greyed f0
color: enabled f0
```

Abbildung 5-1: *Ein Ausschnitt aus der Datei* tools.ini.

Die Farbzuordnung

Den Augen ein Wohlgefallen — so soll sich die Workbench einschmeicheln. Die Farben der Workbench lassen sich sehr differenziert einstellen. Sie können eine exakt abgestimmte Wahl treffen. Es gilt aber wie fast überall im Leben: Was zuviel ist, ist zuviel. Sie sollten nicht versuchen, das gesamte Farbspektrum einer VGA-Karte im Bild der Workbench auf einmal darzustellen.

Wählen Sie für die üblicherweise sichtbaren Elemente der Bilder (also Untergrund der Workbench, Hintergrund des Editors, Menüs etc.) Farben einer Farbfamilie. Es empfehlen sich beispielsweise verschiedene graue und blaue Töne, für die sichtbaren Zeichen hingegen eine Farbe, die sich gut vom Hintergrund unterscheidet, aber nicht blendend grell wirkt. Für besondere Ereignisse wie Fehlermeldungen sind hellweiße Zeichen auf rotem Hintergrund durchaus empfehlenswert. Wir gehen nicht allzu sehr auf die Farbgestaltung ein und vertrauen außerdem darauf, daß Sie selbst am besten wissen, welche Farben Ihnen zusagen. Nicht jeder Mensch kann Farben gleich gut unterscheiden, dabei spielt natürlich Ihr persönliches Empfinden eine wesentliche Rolle.

Ein Tip am Rande: Spielen Sie mit den Einstellungen *Bright Fore* (heller Vordergrund) und *Bright Back* (heller Hintergrund) herum. Je nach Bildschirm erreichen Sie hier interessante und ansprechende Farbtöne.

Jede Gruppe von Elementen des Workbench-Bildschirms trägt einen bestimmten Namen. In der Dialogbox unter dem Menüpunkt *OPTIONS / COLORS...* können Sie diesen Gruppen Werte für Vorder- und Hintergrundfarbe zuordnen.

Für die folgende Liste gilt:

⇨ Wir haben die Reihenfolge beibehalten, in der die Gruppen in der Farbwahl-Liste aufgeführt sind.

⇨ Hinter dem Namen der Gruppe haben wir den standardmäßigen Farbwert aufgeführt. Die Verschlüsselung des Farbwertes wird im Anschluß erläutert.

⇨ Unter Schnellauswahl verstehen wir den in Menü-Punkten und Optionen hervorgehobenen einzelnen Buchstaben, mit dem sich der Punkt beziehungsweise die Option schnell per Tastatur auswählen läßt.

⇨ Mit einem (*) sind die Beschreibungen gekennzeichnet, zu denen wir kein Bildbeispiel gebracht haben.

⇨ Bei den Punkten *Elevator* und *Desktop* ist lediglich die Hintergrundfarbe von Interesse. Sie können die Vordergrundfarbe ändern, wie Sie wollen, es hat keinen Effekt.

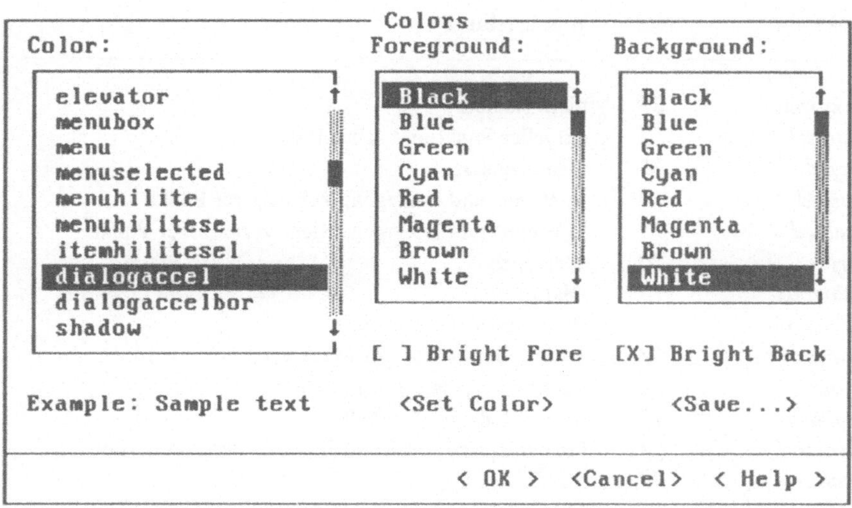

Abbildung 5-2: *Die Dialogbox zum Einstellen der Farben.*

Steht keine Farb-Ausrüstung (Karte, Monitor) zur Verfügung steht, so werden lediglich folgende Werte unterstützt:

⇨ Schwarz (*0*)

⇨ Weiß (*7*)

⇨ Hellweiß (*f*)

Alle anderen Farben erscheinen in normaler Helligkeit wie Weiß (*7*).

Nun haben wir eine ganze Reihe von Farbgruppen genannt. Aber wissen Sie auf Anhieb, was mit *Menuselected*, *Dialogaccel* oder *Pwbwindowborder* gemeint ist? Zum Lokalisieren der Farbgruppen folgen ein paar Illustrationen aus dem täglichen Leben der Workbench. An ihnen haben wir die meisten der Farbgruppen gekennzeichnet.

Name	Wert	Beschreibung
Background	07	nicht sichtbar.
Hilitectrl	07	aktueller Punkt in Auswahlliste.
Greyed	78	nicht sichtbar.
Enabled	70	In Menüs und Dialogen: Verfügbarer Punkt.
Disabled	78	In Menüs und Dialogen: Nicht verfügbarer Punkt.
Alert	70	Messagebox.
Dialogbox	70	Dialogbox.
Pushbutton	70	Button im »Ruhezustand«.
Buttondown	07	Button, der gerade per Maus »gedrückt« wird.
Listbox	70	Listbox innerhalb einer Dialogbox.
Scrollbar	70	Bestandteile des Rollbalkens.
Elevator	07	Positionszeiger im Rollbalken (Hintergrundfarbe).
Menubox	70	Menü.
Menu	70	Menüleiste.
Menuselected	07	Aktueller Punkt der aktivierten Menüleiste.
Menuhilite	0f	Schnellauswahl eines Menüpunktes.
Menuhilitesel	0f	Schnellauswahl eines aktivierten Punktes der Menüleiste.
Itemhilitesel	0f	Schnellauswahl eines aktivierten Punktes eines Menüs.
Dialogaccel	7f	Schnellauswahl in Dialogbox.
Dialogaccelbor	7f	Begrenzung eines aktiven Punktes in Dialogbox.
Shadow	08	Schattierter Bereich.
Text	17	Text in einem Fenster des Editors.
Highlight	1f	Hervorgehobener Text, z.B. gefundenes Wort nach Suche.
Info	3f	Besondere Information.
Selection	71	Aktuelle Auswahl.
Border	07	Rand der Fenster
Status	7f	Hinweise in der Statuszeile (z.B. *M* für geänderte Dateien).
Scratch	07	Nicht sichtbar.
Builderr	40	Zeile mit Build-Fehler in aktuellem Fenster.
Desktop	80	Untergrund der Workbench (Hintergrundfarbe).
Pwbwindowtext	87	Text in einem PWB-Fenster (z.B. Build-Results).
Pwbwindowborder	07	Rahmen eines PWB-Fensters.
Message	70	Meldungen in der Statuszeile.
Location	70	Positionsanzeige in der Statuszeile.
Helpnorm	87	Normaler Hilfetext.
Helpbold	8f	Hervorgehobener Hilfetext.
Helpitalic	8a	Die Zeichen ◀ ▶ sowie kursiver Hilfetext.
Helpunderline	8c	Unterstrichener Hilfetext.
Helpwarning	70	Aktueller Hyperlink.

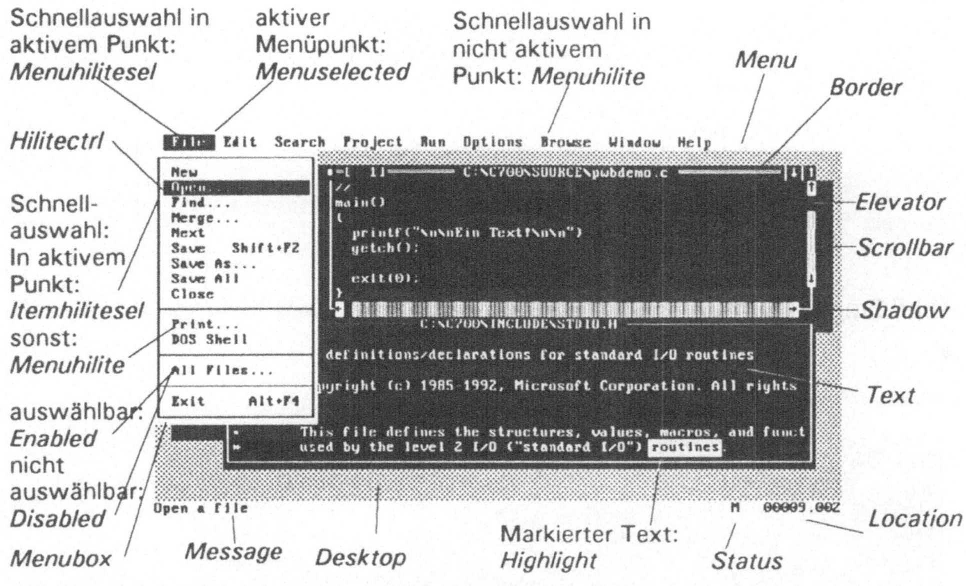

Abbildung 5-3: *Farbgruppen in Menüs und im Editor.*

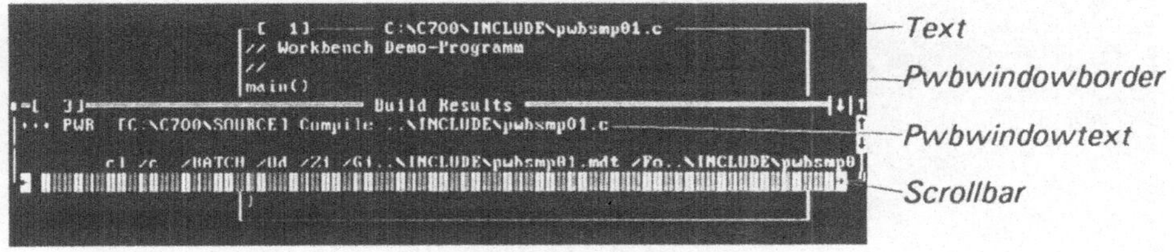

Abbildung 5-4: *Farbgruppen der PWB-Fenster.*

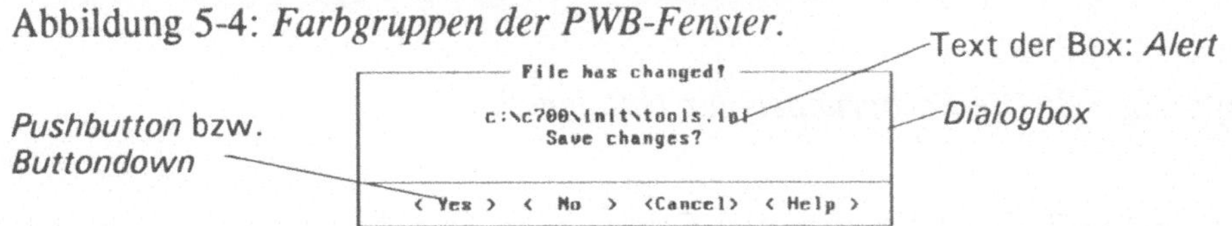

Abbildung 5-5: *Ein allgemeiner Hinweis.*

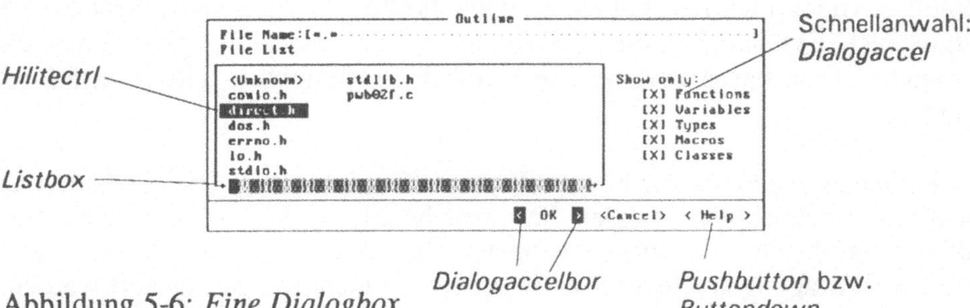

Abbildung 5-6: *Eine Dialogbox*

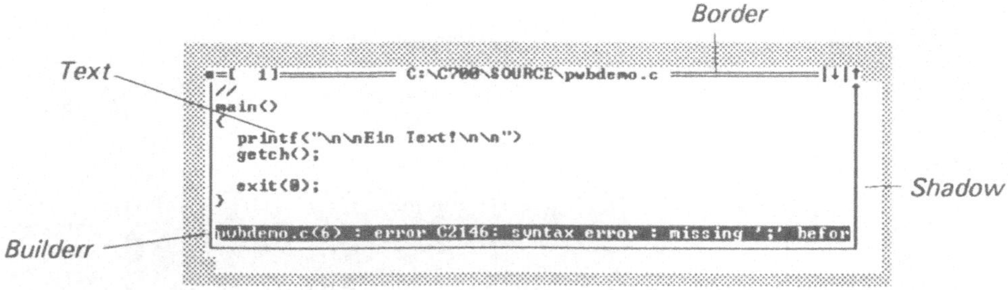

Abbildung 5-7: *Die Zeile, die im aktiven Fenster auf einen Build-Fehler hinweist.*

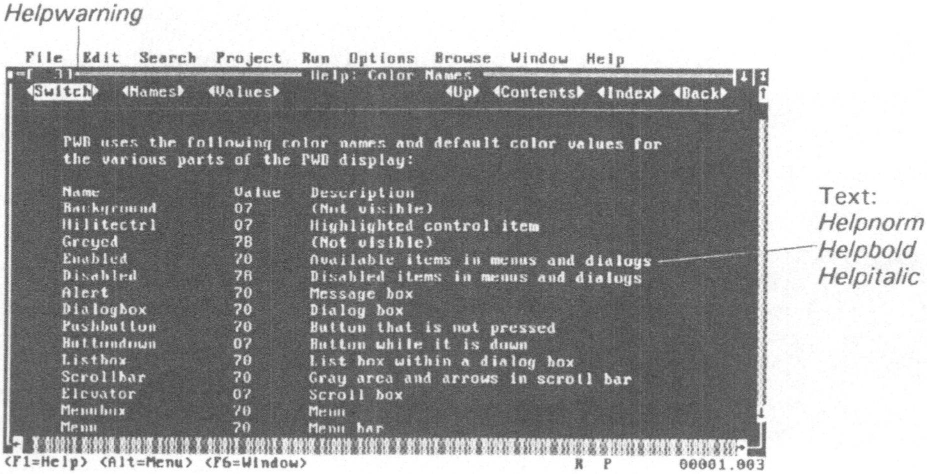

Abbildung 5-8: *Die Farbgruppen der Hilfefunktion.*

Nachdem Sie die Einstellung für eine Gruppe geändert haben, ist erst einmal noch keine sichtbare Veränderung eingetreten. Dazu müssen Sie zuerst *Set Color* betätigen. Hierauf wird die Farbänderung wirksam. Allerdings nur, wenn Sie am Schluß auch die Dialogbox über *OK* verlassen. Mit *Cancel* hingegen werden alle vorgenommenen Farbänderungen seit Aufruf der Dialogbox wieder zurückgenommen.

Die Farbänderung bleibt nur bis zum Ende der Session gültig. Um die Änderung dauerhaft vorzunehmen, müssen Sie *Save* betätigen. Sie erhalten dann eine Aufstellung der bisher vorgenommenen Farbänderungen und können dort einzelne Eintragungen wieder löschen, damit sie nicht mit gespeichert werden. Mit *OK* verlassen Sie die *Save*-Dialogbox.

Doch damit ist die Änderung immer noch nicht endgültig gesichert. Erst, wenn Sie am Ende der PWB-Session die Frage bejahen, ob *tools.ini* geändert werden soll, wird die Änderung tatsächlich festgeschrieben.

Sie sehen also, der Ablauf ist durchaus tückisch.

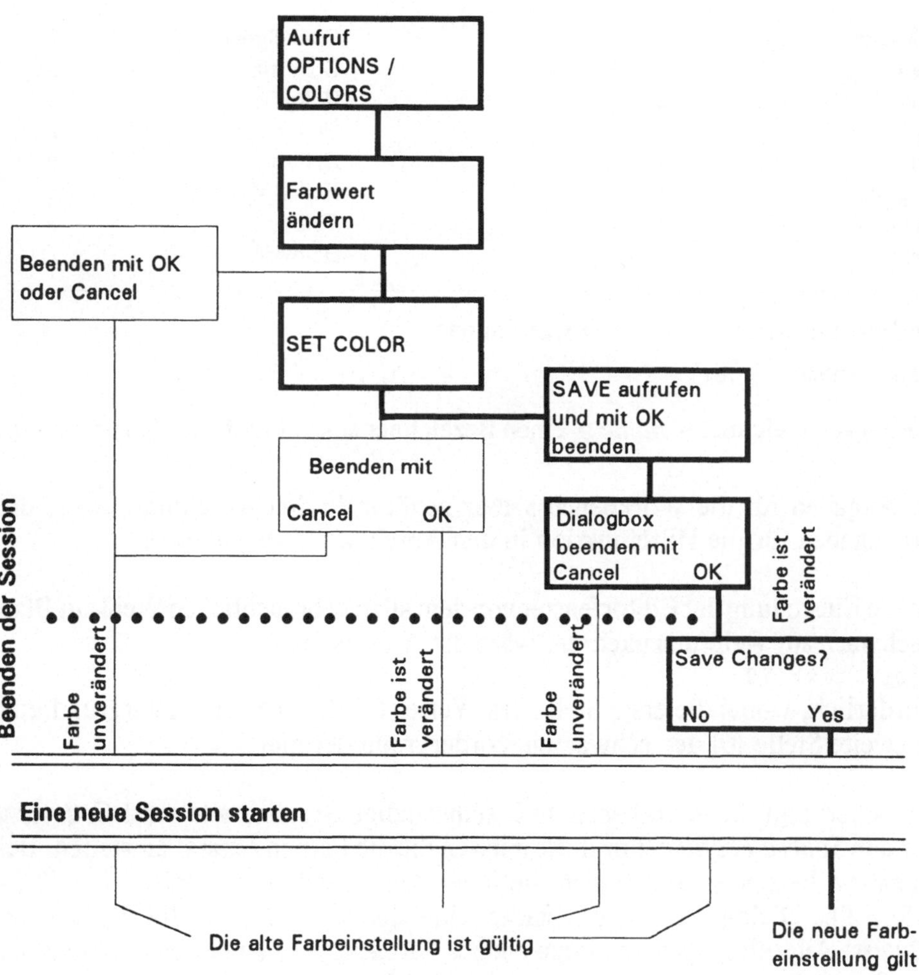

Abbildung 5-9: *Der Ablauf beim Verändern der Farben. Eine dauerhafte Veränderung eines Farbwertes erreichen Sie, wenn Sie den starken Linien folgen.*

Solange Sie die Farben lediglich über die Dialogbox einstellen, brauchen Sie die interne Verschlüsselung der Werte in *tools.ini* nicht zu kennen. Um die Werte jedoch direkt in die Datei *tools.ini* schreiben zu können, müssen Sie wissen: Der Wert setzt sich aus zwei Stellen zusammen. Die erste bestimmt die Farbe des Hintergrundes, die zweite den Vordergrund. Für beide Stellen gelten folgende Werte, die dem programmierenden Leser sicher vertraut erscheinen.

Farbe	Zeichen	Farbe	Zeichen
Schwarz	*0*	Dunkelgrau	*8*
Blau	*1*	Hellblau	*9*
Grün	2	Hellgrün	*a*
Cyan	*3*	Helles Cyan	*b*
Rot	4	Hellrot	*c*
Magenta	*5*	Helles Magenta	*d*
Braun	6	Gelb	*e*
Weiß	7	Hellweiß	*f*

Die Form des Eintrages in *tools.ini* lautet:

```
color:<name> <wert>
```

Hierbei kennzeichnet < *name* > einen Bezeichner aus der Liste der Farbgruppen.

Die Angaben für die Workbench selber gehören in den Abschnitt `[pwb]`, die Farbangaben für die Hilfefunktion in den Abschnitt `[pwb-pwbhelp]`.

Um die Einstellung der Editorfenster von dem allzu gebräuchlichen Weiß auf Blau in schwarz auf weiß umzukehren, wäre die Anweisung
```
color: text 70
```
erforderlich, wobei die erste Stelle des Wertes (*7*) den weißen Hintergrund und die zweite Stelle (*0*) den schwarzen Vordergrund definiert.

Nun beherbergt die Workbench auch selbständige Systeme wie etwa *Codeview* oder den *Source Profiler*. Für diese müssen Sie die Farben separat einstellen. Bei CodeView beispielsweise finden Sie unter dem Menüpunkt *OPTIONS / COLORS...* eine Dialogbox vor, die starke Ähnlichkeit mit der für die Workbench aufweist. Allerdings gibt es einige andere Farbgruppen. Außerdem werden die Farbeinstellungen, etwas hemmend für die Integration der gesamten Tool-Landschaft, in einer eigenen Datei namens *clrfile.cv4* respektive *clrfile.cvw* (CodeView for Windows) festgehalten.

Ein wenig Stille gefällig?

Auch das akustische Verhalten der Workbench können Sie beeinflussen, allerdings nur in engen Grenzen: Mit dem Schalter *Beep* können Sie entweder Fehler- und andere wichtige Hinweise durch einen unfreundlichen Piep aus dem Lautsprecher Ihres PC begleiten lassen oder das Geräusch unterbinden.

Die Einstellung läßt sich in der Editbox unter dem Menüpunkt *OPTIONS / EDITOR SETTINGS...* einstellen (obwohl sich das Beep nicht nur auf den Editor bezieht, sondern auf das Verhalten der kompletten Workbench). Gültige Eingabewerte sind ausschließlich *yes* und *no*. Wirksam werden die Änderungen nach denselben Regeln, die wir auch schon bei den Farbänderungen beschrieben haben.

Und natürlich besteht die Möglichkeit, mit einem Eintrag in *tools.ini* (Abschnitt [pwb]) den Ton ein- beziehungsweise auszuschalten.

Eine maßgeschneiderte Umgebung

Sie haben im vorigen Abschnitt kennengelernt, wie Sie Einstellungen der Workbench außer über die Menüs auch mit den sogenannten *Switches* oder Schaltern verändern können. Farbe und akustischer Alarm sind aber nur ein Teil dessen, was sich an der Workbench einstellen läßt. *OPTIONS / EDITOR SETTINGS* zeigt eine Fülle weiterer Schalter, die sich jedoch nicht alle auf den Editor beziehen.

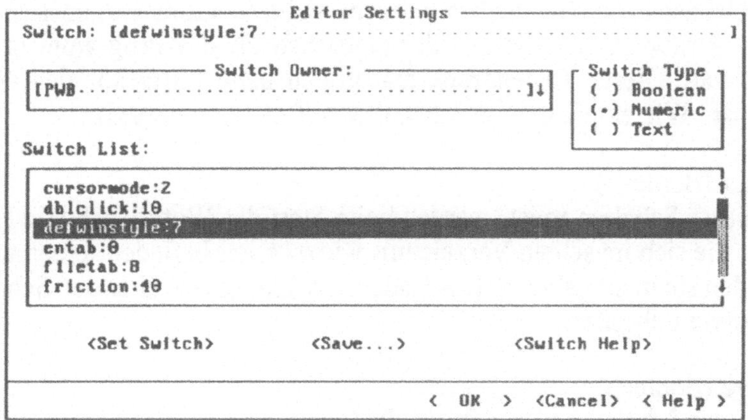

Abbildung 5-10: *Die Dialogbox zum Einstellen der Schalter.*

Jeder Schalter gehört zu einem Programm, dem *Switch Owner*, die meisten zur Workbench. Die Schalter werden nach drei Typen unterteilt: *Boolean Switches* können zwischen *Yes* und *No*, *On* , *Off*, *1* und *0* umgeschaltet werden. Sofern wir in den folgenden Erklärungen nichts anderes sagen, wird die Wirkung dieser Schalter für den Fall geschildert, daß sie aktiv sind. *Numeric Switches* enthalten einen Zahlenwert, *Text Switches* einen oder mehrere Zeichen, etwa einen Namen. Die Dialogbox zeigt Ihnen in der Liste jeweils nur die Schalter des oben rechts gewählten Typs des Owners in der oberen Zeile. Wenn Sie einen der Schalter verändern, müssen Sie dieselben Regeln befolgen wie beim Einstellen der Farben, um die Änderungen dauerhaft zu speichern. Eine Änderung wird erst wirksam, nachdem Sie *Set Switch* betätigt und die Dialogbox mit *OK* beendet haben.

Die PWB-Schalter

Askexit (Boolean)
Dieser Schalter bestimmt, ob vor dem Beenden der Workbench zur Sicherheit nachgefragt wird.

Askrtn (Boolean)
Dieser Schalter bestimmt, ob Sie nach der Rückkehr aus einer DOS-Shell oder von einem ausführbaren Programm aufgefordert werden, eine beliebige Taste zu drücken. Mit diesem Schalter in der Stellung *No* können Sie verhindern, in einer reinen Maus-Umgebung plötzlich eine Taste drücken zu müssen. Andererseits ist es bei fehlerhaften Programmverläufen in der Shell interessant, vor der Rückkehr in die Workbench den Bildschirm zu lesen. Außerdem kann sich im Tastaturpuffer noch ein Tastendruck befinden, der eigentlich für das Programm in der Shell gedacht war. Dieser Tastendruck macht sich dann im Editor der Workbench bemerkbar. Wir empfehlen, den Schalter auf *On* zu belassen.

Autoload (Boolean)
Wenn dieser Schalter an ist, werden beim Start der Workbench alle Extensions geladen, die sich im selben Verzeichnis wie *pwb.exe* befinden. Ist er ausgeschaltet, werden sie nicht geladen. Das Laden von Extensions über den Schalter *Load* bleibt davon unberührt.

Autosave (Boolean)
Wenn dieser Schalter an ist, werden die Inhalte veränderter Fenster sofort in die entsprechende Datei zurückgeschrieben, sobald Sie aus dem Fenster in ein anderes wechseln.

Backup (Text)
Bestimmt die Art, wie Sicherungskopien veränderter Dateien angelegt werden.
Ohne Angabe (`Backup:`) wird die alte Datei einfach überschrieben. Mit `undel`
wird die alte Version in ein verborgenes Unterverzeichnis verlagert. Sie kann
dann mit *UNDEL* wieder zur Verfügung gestellt werden. Der Schalter *Undelcount*
legt fest, wieviele Versionen auf diese Weise zurückgehalten werden. `Backup:bak`
legt fest, daß jeweils die Vorversion in der Datei name.*bak* verbleibt.

Beep (Boolean)
Schaltet den akustischen Alarm an bzw. aus.

Case (Boolean)
Wenn dieser Schalter an ist, wird in allen Suchvorgängen nach Groß- und
Kleinschrift unterschieden. Dieser Schalter bestimmt die Voreinstellung in den
jeweiligen Dialogboxen. Die Wirkung für die endgültige Suche kann dann
verändert werden. Ein Umschalten in den Dialogboxen ändert nicht den Wert des
Schalters.

Cursormode (Numeric)
Dieser Schalter bestimmt die Form des Cursors für den Einfüge- und den
Überschreib-Modus nach folgenden Regeln:

Cursormode	Einfüge-Cursor	Überschreib-Cursor
0	Unterstrich	Unterstrich
1	Block	Block
2	Block	Unterstrich ⇐ Standard
3	Unterstrich	Block

Dblclick (Numeric)
Hiermit legen Sie fest, wieviel Zeit zwischen zwei Klicks der Maustasten
vergehen darf, damit ein Doppelklick erkannt wird. Die Angaben erfolgen für
MS-DOS in 1/18 Sekunden, für OS/2 in Millisekunden.

Deflang (Text)
Mit diesem Schalter beeinflussen Sie Grundeinstellungen anhand der Benutzung
einer Sprache. So wird die Liste zum Öffnen einer Datei nicht mehr mit der
Dateimaske *.* erstellt, sondern bei `Deflang:C` mit *.c*, bei `Deflang:C++` mit
.cpp. Wenn Sie einen Quelltext laden (*prog.c*) und unter dem gleichen Namen
ein Projekt besteht (*prog.mak*), fragt die Workbench automatisch nach, ob auch
das Projekt aktiviert werden soll. Sie umgehen damit Schwierigkeiten durch nicht

aktivierte Projekte. Übrigens ist die Nachfrage unabhängig davon, ob der Quell-Text auch wirklich zum Projekt gehört.

Defwinstyle (Numeric)
Bestimmt die Anfangseinstellung, welche Scroll-Bars ein Fenster erhält.

Defwinstyle	Scroll-Bars
1	Keine Scroll-Bars
3	Vertikaler Scroll-Bar
5	Horizontaler Scroll-Bar
7	Scroll-Bars horizontal und vertikal

Editreadonly (Boolean)
Mit diesem Schalter auf *On* können Sie als Read Only gekennzeichnete Dateien trotzdem editieren. Dazu werden — nach einer Sicherheitsabfrage — die Befehle ausgeführt, die mit dem Schalter *Readonly* definiert sind.

Enablealtgr (Boolean)
Schaltet auf internationalen Tastaturen die rechte <*ALT*>-Taste als <*ALTGR*>.

Entab (Numeric)
Bewirkt, wie die Workbench in veränderten Zeilen bei `Realtabs:NO` Leerräume in Tabulatorsprünge umsetzt. Die Weite eines Tabulatorsprungs hängt vom Schalter *Filetab* ab.

Entab	Wirkung
0	Alle Leerräume werden, sofern `Realtabs:NO` geschaltet ist, auf ASCII 32 gesetzt.
1	Leerräume außerhalb von Zeichenketten, die in " oder ´ eingeschlossen sind, werden in Tabulatorsprünge umgesetzt.
2	Leerräume werden in Tabulatorsprünge umgesetzt.

Enterinsmode (Boolean)
Dieser Schalter bestimmt, ob nach dem Starten der Workbench zuerst der Einfügemodus aktiv ist. Dieser Modus kann später umgestellt werden, was jedoch nicht den Schalter *Enterinsmode* verändert.

Enterlogmode (Boolean)
Dieser Schalter bestimmt, ob nach dem Starten der Workbench zuerst für das Suchen der Log-Mode aktiv ist. Dieser Modus kann später umgestellt werden, was jedoch nicht den Schalter *Enterlogmode* verändert.

Enterselmode (Text)
Dieser Schalter bestimmt, welcher Markierungsmodus nach dem Starten der Workbench aktiv ist: *stream, box* oder *line*). Dieser Modus kann später umgestellt werden, was jedoch nicht den Schalter *Enterselmode* verändert.

Envcursave (Boolean)
Speichert die Umgebungs-Variablen über die Sessions der Workbench hinweg. Dies kann sich empfehlen, um bestimmte Zustände über längere Zeit aktiv zu halten, hat aber den Nachteil, daß spätere Veränderungen außerhalb der Workbench nicht zu einer Aktualisierung führen. Sollen Veränderungen an den Umgebungs-Variablen, die irgendwo außerhalb der Workbench vorgenommen wurden, auch in der Workbench aktiv werden, so müssen *Envcursave* und *Envprojsave* ausgeschaltet sein.

Envprojsave (Boolean)
Speichert die Umgebungs-Variablen spezifisch für ein bestimmtes Projekt. Es gilt dasselbe wie für *Envcursave*.

Factor (Text)
Mit diesem Schalter wird gesteuert, wie schnell eine sogenannte Fast Function (siehe *Fastfunc*) abläuft. Die Vorgabe ist `Factor:%prozent zähler` oder `Factor: -konstante zähler`. *Factor* bestimmt, wie *Friction* nach und nach abgebaut wird.
%prozent: Ein Wert zwischen *0* und *100*.
-konstante: Ein Wert zwischen *0* und *65535*.
zähler: Bestimmt, nach wie vielen Wiederholungen *Friction* das nächste Mal um *%prozent* bzw. *-konstante* reduziert wird.
Die Workbench reduziert den Wert *Friction* nach den obenstehenden Angaben solange, bis er auf 0 steht.

Fastfunc (Text)
Geben Sie hier Funktionen an, die so schnell wie möglich wiederholt werden, solange die entsprechende Taste gedrückt ist. Beachten Sie auch *Friction* und *Factor*.

Filetab (Numeric)
Mit diesem Wert bestimmen Sie die Weite eines Tabulatorsprungs beim Darstellen einer Datei.

Friction (Numeric)
Dieser Wert dient zum Verzögern schnell wiederholter Funktionen (Fastfunc).
Gültige Werte liegen zwischen *0* und *65535*. Zur Erklärung siehe *Factor*.

Height (Numeric)
Bestimmen Sie, mit wievielen Zeilen das Bild der Workbench aufgebaut wird.
Gültige Werte sind *25*, *43* und *50* (die passende Hardware vorausgesetzt).

Hike (Numeric)
Bestimmt das Verschieben des Fensterinhaltes.

Hscroll (Numeric)
Bestimmt, um wieviele Stellen der Fensterinhalt in der Horizontalen verschoben
wird, wenn Sie den Cursor an die Seite eines Fensters verschieben.

Infodialog (Numeric)
Dieser zweistellige Wert (hexadezimal) bestimmt, welche Informationen Ihnen
während der Workbench-Session gemeldet werden. Zum Bilden des nötigen
Wertes addieren Sie die Einzelwerte aus der folgenden Tabelle.

Wert	Hinweis
01	*<n> occurrences found* bzw. *displayed.*
02	*End of Build Results* bzw. *Search Results.*
04	*<suchbegriff> not found*
08	*No unbalanced characters found.*
10	*Changed directory* (oder *drive*) *to xxx*

Keepmem (Numeric)
Bestimmen Sie, wieviel XMS- oder EMS-Speicher während Shell-Prozessen,
während des Kompilierens etc. reserviert bleibt. Sie können Werte in Schritten
von 1024 Bytes angeben.

Lastproject (Boolean)
Bewirkt, daß automatisch das letzte Projekt aktiviert wird. Unsere Bedenken dazu
in Kapitel 4. Setzen Sie eher die Möglichkeit ein, die wir unter *Deflang* nannten.
Der Schalter *Lastproject* wird durch Parameter */Px* beim Start der Workbench
übersteuert.

Markfile (Text)
Name einer Markierungs-Datei, die ständig mitgeladen wird. Dadurch werden grundsätzlich alle Markierungen auch über Session-Ende gespeichert.

Mousemode (Numeric)
Modus zur Benutzung unter der Workbench. Gilt nur für die Workbench, nicht für Programme, die aus ihr heraus gestartet werden.

Modus	Mausbenutzung
0	Keine Mausbedienung, kein Mauszeiger.
1	Normale Benutzung der Maus.
2	Benutzung der Maus, Tasten links und rechts vertauscht.

Msgdialog (Boolean)
Steuert, ob nach Build-Vorgang eine Dialogbox erscheint.

Msgflush (Boolean)
Steuert, daß jeweils nur die letzte Version der Build-Ergebnisse gespeichert bleibt.

Newwindow (Boolean)
Setzt die Standardeinstellung, ob beim Öffnen einer Datei ein neues Fenster geöffnet wird (siehe *FILE / OPEN*).

Noise (Numeric)
Bestimmt die Intervalle, in denen angezeigt wird, welche Zeile gerade bearbeitet wird.

Printcmd (Text)
Wenn Ihnen das übliche Ausdrucken nicht genügt, können Sie dafür eigene Befehle einsetzen. Wir verweisen auf das nächste Kapitel.

Readonly (Text)
Geben Sie hier einen DOS-Befehl an, der ausgeführt wird, wenn Sie eine Read-Only-Datei verändern wollen (siehe Schalter *Editreadonly*). Sie können zum Beispiel mit dieser Angabe in solchem Fall das Attribut der Datei umsetzen:
```
Readonly:Attrib -r %s
```
wobei %s der Platzhalter für den Dateinamen ist, den die Workbench automatisch füllt.

Realtabs (Boolean)
Wenn dieser Schalter an ist, werden von Ihnen eingesetzte Tabulatoren lediglich als Zeichen dargestellt, anstatt wie üblich in entsprechende Tabulatorsprünge umgesetzt zu werden. Die Wirkung dieses Schalters bezieht sich stets nur auf die Zeilen, die Sie ändern.

Restorelayout (Boolean)
Grundeinstellung für die Option, beim Öffnen eines Projektes die alte Fensteraufteilung wieder herzustellen.

Rmargin (Numeric)
Bestimmt die rechte Grenze, ab der der Editor eine Zeile automatisch beendet und in die nächste Zeile wechselt.

Savescreen (Boolean)
Beim Start der Workbench wird der Bildschirminhalt gesichert, nach dem Ende der Workbench oder während der Shell rekonstruiert.

Searchdialog (Boolean)
Dieser Schalter bestimmt, daß nach Ende einer Log-Suche eine Dialogbox mit den Suchergebnissen erscheint.

Searchflush (Boolean)
Steuert, daß jeweils nur die letzte Version der Such-Ergebnisse gespeichert bleibt.

Searchwrap (Boolean)
Steuert, daß eine Suche auch über die Grenze einzelner Dateien stattfindet.

Shortnames (Boolean)
Dieser Schalter bestimmt, daß bereits geladene Dateien auch nur mit dem ersten Teil ihres Namens wieder aufgesucht werden können.

Showbuild (Boolean)
Bewirkt, daß die Workbench während des Build-Prozesses alle Meldungen auf den Bidschirm bringt. Ausschalten dieser Option beschleunigt den Build-Vorgang nur minimal.

Softcr (Boolean)
Beim Einfügen neuer Zeilen wird der Cursor an der Einrückung der umliegenden Zeilen orientiert.

Tabalign (Boolean)
Richtet den Cursor an vorhandenen Tabulatorsprüngen aus.

Tabdisp (Numeric)
ASCII-Wert des Zeichens, mit dem das Tabulatorzeichen dargestellt wird.

Tabstops (Text)
Bestimmt die Tabulatoreinteilung einer Zeile im Editor. Sie können soviele Tabulatorstops angeben, wie sich auf einer Zeile von 250 Stellen angeben lassen. Der zuletzte angegebene Tabulatorsprung wird bis zum Ende der Zeile wiederholt. `Tabstops:4 6 10` etwa setzt den ersten Tabulatorsprung nach 4 Stellen, den zweiten nach weiteren 6 Stellen, alle weiteren Tabulatorsprünge sind jeweils 10 Stellen weit.

Tilemode (Numeric)
Steuert, wie die Fenster mit dem Befehl *Tile* angeordnet werden. *0* bedeutet, daß die ersten drei Fenster übereinander angeordnet werden, *1*, daß die ersten beiden Fenster nebeneinander gesetzt werden.

Timersave (Numeric)
Legt einen Intervall in Sekunden fest, nach dem eine veränderte Datei automatisch gesichert wird. Gültige Werte liegen zwischen *0* (keine Sicherung) bis *65535*.

Tmpsav (Numeric)
Anzahl der Dateien, die in der File History vorgehalten werden.

Traildisp (Numeric)
ASCII-Wert des Zeichens zum Darstellen von Leerzeichen, die sich am Ende einer Zeile befinden.

Traillines (Boolean)
Leerzeilen am Ende einer Datei werden mit gespeichert.

Traillinesdisp (Numeric)
ASCII-Wert des Zeichens zum Darstellen von Leerzeilen, die sich am Ende einer Datei befinden.

Trailspace (Boolean)
Leerstellen am Ende einer Zeile werden mit gespeichert.

Undelcount (Numeric)
Maximale Anzahl der alten Versionen von Dateien, die verdeckt gehalten werden. Siehe *Backup*.

Undocount (Numeric)
Maximale Anzahl der Änderungen, die mit *Undo* zurückgenommen werden können.

Unixre (Boolean)
Bewirkt, daß Regular Expressions bei der Suche gemäß den UNIX-Konventionen verstanden werden. Für die Suche selber muß in der Dialogbox gekennzeichnet werden, daß nach Regular Expressions (statt nach einem konstanten Begriff) gesucht wird.

User (Text)
Mit solch einem Eintrag kann das Menü *Run* um zusätzliche Programme erweitert werden. Mehr dazu im nächsten Kapitel.

Vscroll (Numeric)
Bestimmt, um wieviele Zeilen der Fensterinhalt in der Vertikalen verschoben wird, wenn Sie den Cursor an die Ober- bzw. Unterkante eines Fensters verschieben.

Width (Numeric)
Dieser Wert bestimmt die Anzahl Zeichen in einer Zeile des Bildschirms. Der einzig zulässige Wert ist *80*.

Word (Text)
In dieser Zeichenkette werden die Zeichen bestimmt, an denen die Workbench erkennt, daß ein Wort abgeschlossen ist.

Wordwrap (Boolean)
Mit diesem Schalter bestimmen Sie, daß bei der Eingabe ein automatischer Zeilenwechsel stattfindet, sobald in einer Zeile die mit *Rmargin* definierte Grenze erreicht ist.

Die PWBC-Schalter

c_softcr (Boolean)
Dieser Schalter bestimmt, daß sich der Cursor in C-Quell-Texten beim Einfügen neuer Zeilen automatisch an der Startposition umliegender Zeilen orientiert. Diese Option ist nur wirksam, wenn der Schalter *softcr* gesetzt ist.

c_suffixes (Text)
Anhand der Vorgaben dieses Schalters wird erkannt, welche Dateinamen-Erweiterungen zu Einrückungen gemäß den C-Konventionen führen.

dlllibs (Text)
doslibs (Text)
mtlibs (Text)
os2libs (Text)
windlllibs (Text)
winlibs (Text)
Mit diesen Schaltern wird festgehalten, welche Bibliotheken installiert sind und
wie sie gespeichert sind. Mögliche Angaben sind *None, Default* und *Explicit*.
None bedeutet, daß die entsprechende Gruppe von Bibliotheken nicht installiert
ist. *Default* bedeutet, daß die Bibliotheken unter ihren Standardnamen zu finden
sind. *Explicit* bedeutet, daß die Bibliotheken mit voll qualifiziertem Namen
anzugeben sind.

Die PWBHELP-Schalter

Helpautosize (Boolean)
Bestimmt, daß sich die Größe des Hilfe-Fensters jeweils am Umfang des Textes
orientiert und nicht an der letzten Einstellung.

Helpfiles (Text)
Bestimmt Hilfe-Dateien, die sich nicht im aktuellen Verzeichnis befinden oder in
Verzeichnissen, die nicht über die Umgebungs-Variable *HELPFILES* spezifiziert
sind.

Helplist (Boolean)
Zum Einstieg in die Hilfefunktion erscheint eine Liste der verfügbaren Hilfe-
Dateien, in denen sich Informationen zum gesuchten Begriff finden, sofern
mehrere Hinweise gefunden wurden. Wenn dieser Schalter aus ist, wird einfach
zur ersten Fundstelle verzweigt.

Die PWBROWSE-Schalter

Browdbase (Text)
Legt den Namen der verwendeten Browse-Datenbank fest und verwendet
denselben Namen auch über Session-Grenzen hinweg.

Browcase (Numeric)
Dieser Schalter bestimmt die Standardeinstellung dafür, wie bei der Suche nach
Symbolen nach Groß- und Kleinschrift unterschieden wird.

Browcase	Bedeutung
0	Es kommt die Einstellung zum Tragen, die in der Browse-Datenbank gespeichert wurde. Diese orientiert sich an der verwendeten Sprache.
1	Die Suche orientiert sich an der verwendeten Groß- und Kleinschrift.
2	Die Suche ignoriert Groß- und Kleinschrift.

Individuelle Tastaturbelegungen

Mit der Option *OPTIONS / KEY ASSIGNMENTS* können Sie die Belegung aller Tastaturkombinationen einsehen und verändern. Alle Änderungen sind ebenso zu speichern, wie wir es bereits bei der Einstellung der Farben dargestellt haben.

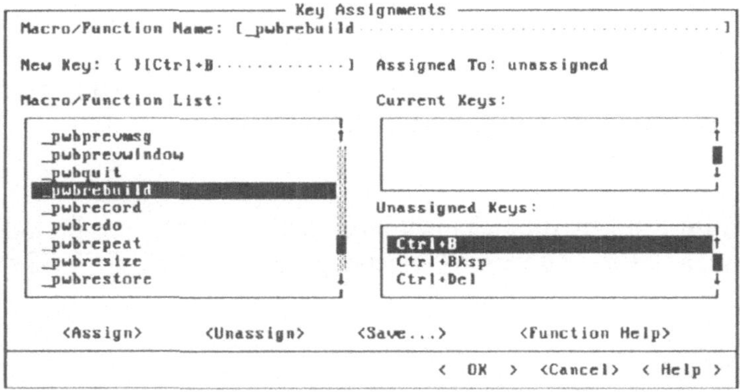

Abbildung 5-11: *Die Dialogbox für die Tastaturbelegung.*

Sie können jede der möglichen noch freien Tastaturkombinationen aus der unteren rechten Box mit einer der Workbench-Funktionen aus der linken Liste kombinieren. Markieren Sie die entsprechenden Eintragungen in den beiden Listen. Wenn Sie eine Verbindung zwischen diesen beiden herstellen wollen, betätigen Sie *Assign*. Im Fenster *Current Keys* erscheint jeweils die Tastatur-kombination, mit der die auf der linken Seite markierte Funktion kombiniert ist. Eine Funktion kann mit mehreren Tastaturkombinationen verbunden sein, aber auch mit keiner Taste.

Die Liste der Makros und Funktionen zeigt alle Funktionen der Workbench. Eine Liste der Funktionen finden Sie im Anhang. Sie können die Liste um selbst erstellte Makros erweitern, auch unter Zuhilfenahme der Workbench-Funktionen. Die Liste ist also beliebig erweiterbar. Wir gehen im nächsten Kapitel darauf ein.

Kapitel 6

Die Workbench erweitern

Sie haben die Workbench jetzt in ihren wesentlichen Funktionen kennengelernt. Da es sich bei ihr aber um ein sozusagen 'offenes System' handelt, können Sie sie um eigene Funktionen erweitern. Das kann auf unterschiedliche Weise geschehen: Durch Heranziehen selbstgeschriebener oder anders erworbener Programme, durch Makros, durch eigene *Project Templates*, Sie können sogar eigene Extensions schreiben.

Wir zeigen in diesem Kapitel das Einbinden von Programmen und wie Sie Funktionen und Makros der Workbench nutzen, die nicht über Menüs aufzurufen sind.

Drucken

Unter *FILE / PRINT* bietet die Workbench die Möglichkeit, Dateien auszudrucken. Das können beliebige Dateien sein: Quell-Texte, ASCII-Dateien aller Art, Texte aus der Hilfe-Funktion etc. Sofern Sie nichts an der Einstellung des Schalters *Printcmd* geändert haben, wird lediglich der Inhalt zur Drucker-Schnittstelle kopiert. Dieses einfache Vorgehen hat mitunter seine Tücken, etwa wenn Sie Steuersequenzen an den Drucker mitschicken wollen, um eine spezielle Schriftart anzuwählen, oder den Text aufbereiten möchten. Benutzer von Laserdruckern wissen ein Lied davon zu singen, daß sie nach jedem Druck die letzte Seite mit einem manuellen 'Formfeed' herausholen müssen.

Sie können unter dem Schalter *Printcmd* einen beliebigen Befehl eingeben, der dann statt des Kopierens ausgeführt wird. Das folgende Listing *pwb06.c* zeigt ein einfaches Programm. Es öffnet die Datei, deren Name als Parameter übergeben wurde, und überträgt den Inhalt an den Drucker. Hierbei können bestimmte Steuersequenzen vorangeschickt werden, um für Listings auf kleine Schrift umzuschalten (hier orientiert am HP-Laserjet). Nachdem der Inhalt übertragen ist, wird ein 'Formfeed' hinterhergeschoben (aber nur, falls das letzte Zeichen nicht selber ein Formfeed war). Das Programm ist trivial, leistet aber als Programm-Lister gute Dienste.

```c
// PWB06.C    Programm zum Andrucken von ASCII-Dateien
//            Setzt zu Anfang Steuersequenz kleine Schrift
//            Schickt zum Schluß Formfeed hinterher
//            Dateiname wird als Argument 1 übergeben

#include    <fcntl.h>
#include    <io.h>
#include    <stdio.h>

char unsigned   cr=13;
char unsigned   esc=27;
char unsigned   ff=12;
int             i;
long int        laenge;
char unsigned   last=0;
char unsigned   letter;
char unsigned   lf=10;
FILE            *source;
char            steuer1[]="&k2S"; // kleine Schrift
FILE            *target;

main (int argc, char *argv[])
{

  target=stdprn;

  if (argc<2)
  {
    printf("\nPWB06: Aufruf PWB06 <dateiname>\n");
    exit(8);
  }
  if (!(source=fopen(argv[1],"r")))
  {
    printf("\nPWB06: Fehler beim Öffnen von %s",argv[1]);
    exit(1);
  }
  laenge=filelength(fileno(source));

  if (laenge)
  {
// Umschalten auf kleine Schrift
    fputc(esc,target);
    i=0;
    do
    {
      fputc(steuer1[i],target);
    } while (steuer1[i++]);
```

```
    //   Verarbeiten der Eingabedatei
    do
    {
      letter=getc(source);

      switch(letter)
      {
// 10   LF ohne CR
        case 10:
          if (last!=13)
          {
            fputc(letter,target);
            fputc(cr,target);
          }
          break;
// 13   CR      Prüfen: War letzte Aktion LF ?
        case 13:
          if (last!=lf)
            fputc(letter,target);
          break;
// 255 EOF verschlucken
        case 255:
          break;
        default:
          fputc(letter,target);
      }
      last=letter;
    } while (laenge--);

    if (letter!=12)
      fputc(ff,target);

//   Zum Schluß ein RESET
    fputc(esc,target);
    letter='E';
    fputc(letter,target);
  }

  fclose (source);
  fclose (target);

  exit(0);
}
```

Listing 6-1: *Das Druckprogramm* pwb06.c

Nun müssen Sie das Programm in die Workbench einbinden. Unter *OPTIONS / EDITOR SETTINGS* gelangen Sie in die Dialogbox, mit der Sie, wie im vorigen Kapitel beschrieben, einzelne Schalter verändern können. Setzen Sie `Printcmd:pwb06 %s`. Wenn Sie *Printcmd* nicht finden: Es ist ein Text-Schalter der PWB.

```
┌──────────────────── Editor Settings ─────────────────────────┐
│ Switch: [printcmd:pwb06 %s·································] │
│                                                              │
└──────────────────────────────────────────────────────────────┘
```

Abbildung 6-1: *Das Setzen des Schalters* Printcmd.

Vergessen Sie nicht, mit *Set Switch* und *Save* die Änderung dauerhaft vorzunehmen. Die Angabe *%s* bedeutet, daß die Workbench an dieser Stelle den Dateinamen einsetzt, so daß er als erstes Argument an das Programm übergeben wird. Wenn eine Pseudo-Datei angedruckt werden soll, bildet die Workbench zuerst eine temporäre Datei mit deren Inhalt und übergibt an dieser Stelle den Namen der temporären Datei.

Erweiterungen des Menüs Run

Das Menü *Run* läßt sich um verschiedene Programme ergänzen, die dann aus der Workbench gestartet werden können. Wir denken dabei an Utilities, seien sie nun selbstgeschrieben oder anderweitig erworben.

Unter *OPTIONS / CUSTOMIZE RUN MENU* erhalten Sie eine Dialogbox, mit deren Hilfe Sie die Menüeinträge ergänzen, löschen und in der Reihenfolge verändern können.

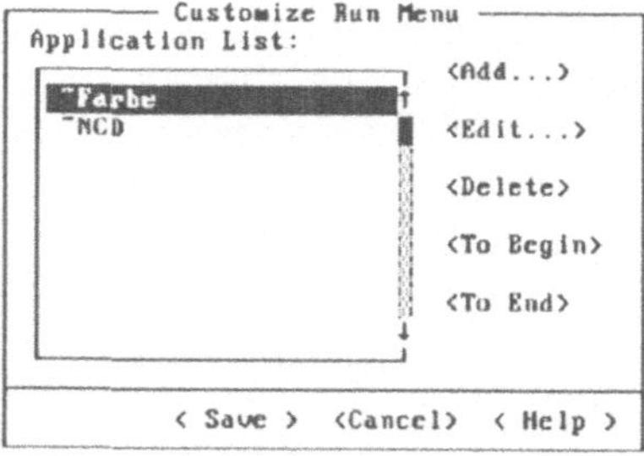

Abbildung 6-2: *Die Dialogbox zum Erweitern des Menüs* Run.

Ergänzen wir das Menü um ein Utility, mit dem Sie schnell und komfortabel Verzeichnisse wechseln können: *Norton Change Directory*. Es kann auch ein beliebiges anderes Tool sein, wir brauchen halt nur ein Beispiel.

Wählen Sie *Add*. Eine weitere Dialogbox erscheint, in der Sie die Angaben für
den Menüpunkt genau spezifizieren können.

```
┌──────────────── Edit Custom Run Menu Item ────────────────┐
│ Menu Text: [~NCD·································]          │
│                                                            │
│ Path Name: [ncd·································]           │
│                                                            │
│ Arguments: [·····································]          │
│                                                            │
│ Output File Name: [······························]         │
│                                                            │
│ Initial Directory: [·····························]         │
│                                                            │
│ Help Line: [Neues Verzeichnis aufsuchen··············]    │
│                                                            │
│ [ ] Use Dialog Box for Arguments and Output File          │
│                                                            │
│ [ ] Prompt Before Returning  [ ] Execute in Background     │
│                                                            │
│ Shortcut Key:       ( ) None        (•) Alt+F[1·]         │
├────────────────────────────────────────────────────────────┤
│              < OK  >  <Cancel>  < Help >                    │
└────────────────────────────────────────────────────────────┘
```

Abbildung 6-3: *Die Dialogbox zum Definieren eines Menüpunktes.*

Unter *Menu Text* geben Sie an, wie der Punkt im Menü heißen soll. Dieser Text
braucht nicht der Programmname zu sein, er sollte aber inhaltlich die Funktion
des Programms beschreiben. Wenn Sie vor einen der Buchstaben eine Tilde ('~')
oder ein Ampersand ('&') setzen, wird dieser Buchstabe zur Schnellauswahl. Er
erscheint dann im Menü hervorgehoben. Ohne ein solches Zeichen wird
automatisch der erste Buchstabe zur Schnellauswahl.

Unter *Path Name* geben Sie den Namen des Programms an. Diesen Namen
müssen Sie voll qualifiziert angeben (also mit Laufwerk und Verzeichnis), falls
sich das Programm nicht in einem über *PATH* angesprochenen Verzeichnis
befindet.

Arguments bestimmt Argumente, die dem Programm zur Laufzeit übergeben
werden. Wenn einer der Parameter Leerzeichen enthält, muß er in "Anführungszeichen" eingeschlossen werden. Es kann sich um statische Angaben handeln
(vielleicht ein Modus, in dem das Programm arbeiten soll), es können aber auch
dynamische Angaben sein, wie %s, was die Workbench zur Durchführungszeit
durch den aktuellen Dateinamen ersetzt.

In *Output file Name* können Sie eine Datei angeben, in der die Ausgabe des
Programms gespeichert wird.

Initial Directory legt ein Verzeichnis fest, in dem das Programm startet. Ohne weitere Angabe ist es das aktuelle Verzeichnis der Workbench.

Text, den Sie unter *Help Line* eingeben, erscheint später im Hinweisfeld in der unteren linken Ecke des Workbench-Bildschirms.

Mit *Use Dialog Box...* bestimmen Sie, daß Sie vor Ausführung des Programms nach Parametern gefragt werden. *Prompt before returning* wartet vor der Rückkehr in die Workbench auf einen Tastendruck. Mit *Execute in Background* können Sie für eine OS/2-Umgebung bestimmen, daß das Programm im Hintergrund läuft.

Schließlich läßt sich ein sogenannter *Shortcut Key* bestimmen: Entweder *None* (kein Shortcurt) oder *1* bis *9*. Eine *1* entspricht der Tastenkombination <*ALT F1*>, mit der das Programm schnell ohne Menü gestartet werden kann.

Nachdem Sie die Eingaben wie in der vorigen Abbildung eingestellt und *OK* betätigt haben, ist das Menü *Run* verändert. Sie können das Utility entweder über das Menü oder mit der eingestellten Tastenkombination starten.

Abbildung 6-4: *Das veränderte Menü* Run.

Ein Makro oder eine Funktion starten

Die Workbench enthält eine Vielzahl von Makros und Funktionen, mit denen sie selber ihre einzelnen Aufgaben durchführt. Aber auch Sie können die Funktionen und Makros sozusagen von Hand starten. Eine Liste der Workbench-Funktionen finden Sie im Anhang. Diese Liste stellt nur eine Übersicht. Genaueres über die Wirkung und die erforderlichen Argumente können Sie der Dokumentation oder dem Hilfe-System entnehmen.

Zum Starten eines Makros wählen Sie als erstes die Funktion *arg*, die über die Tastenkombination *<ALT A>* aufzurufen ist (sofern Sie diese Zuordnung nicht mit *OPTIONS /KEY ASSIGNMENTS* verändert haben).

Auf dem Bildschirm hat sich noch nichts verändert. Sobald Sie eine Taste drücken, erscheint eine Dialogbox zur Eingabe des Namens. Drücken Sie *<F7>*, nachdem Sie den Namen eingegeben haben. Das Makro bzw. die Funktion wird dann ausgeführt.

Wenn Sie die Hilfe-Funktion zu einem Begriff aufrufen wollen, der nicht auf dem Bildschirm steht, können Sie folgendermaßen vorgehen. Drücken Sie *<ALT A>* und geben Sie den gewünschten Begriff ein. Drücken Sie dann *<F1>*, und — sofern vorhanden — erscheint der gesuchte Hilfetext.

Ein Makro aufzeichnen

Sie können eigene Makros schaffen, um sich bei der alltäglichen Arbeit mit ein paar Tastendrücken von ach so lästigem Kleinkram zu befreien. Nehmen wir an, Sie schreiben stets in die erste Zeile eines Quell-Textes das aktuelle Datum. Sie könnten jetzt ein Makro einrichten, das diese Arbeit automatisch erledigt. *Anmerkung*: Es ist wahrscheinlich nicht allzu sinnvoll, lediglich das Datum in den Kopf zu schreiben. Aber Sie könnten einen Dokumentationskopf aufbauen, in den Sie nur noch inviduelle Eintragungen des Projektes aufnehmen müßten, der Standardaufbau würde aber auf einen einzigen Tastendruck hin geschehen.

Beginnen wir also das Mini-Makro. Es soll den Cursor an den Beginn der Datei stellen, dort eine Leerzeile einfügen, in die ersten Stellen Kommentarzeichen und das aktuelle Datum schreiben. Wir nennen das Makro *topdate*, und es soll mit *<CTRL T>* aufgerufen werden. Soweit die Aufgabe.

```
┌──────────── Set Macro Record ────────────┐
│ Name:[topdate··························]   │
│                                           │
│ Key Assignment: { }[Ctrl+T············]   │
│                                           │
│ [X] Clear First                           │
├───────────────────────────────────────────┤
│        <  OK  >  <Cancel>  < Help >       │
└───────────────────────────────────────────┘
```

Abbildung 6-5: *Die Dialogbox des Makro-Recorders.*

Öffnen Sie ein Fenster mit einer Datei, in der Sie ruhig ein wenig spielen können, ohne Wichtiges zu zerstören. Als erstes wählen Sie *EDIT / SET RECORD*, um dem Makrorecorder die Einzelheiten des Makros anzugeben. Nachdem Sie die Box mit *OK* verlassen haben, ist die Makroaufzeichnung noch nicht gestartet. Dazu müssen Sie *EDIT / RECORD ON* anschalten. Als Zeichen, daß ein Makro aufgezeichnet wird, erscheint in der Statuszeile ein *X*.

Jetzt sind die Befehle des Makros durchzuführen. Drücken Sie *<ALT A>*, tippen Sie *BEGFILE*, und drücken Sie dann *<F7>*. Der Cursor bewegt sich an den Anfang der Datei.

Drücken Sie wieder *<ALT A>*, tippen Sie *LINSERT*, und drücken Sie erneut *<F7>*. Jetzt wird eine Leerzeile eingefügt.

Nun tippen Sie zwei Schrägstriche und ein Leerzeichen. Diese Zeichenfolge steht am Anfang der Zeile.

Drücken Sie *<ALT A>*, tippen Sie *CURDATE*, und drücken Sie *<F7>*. Das aktuelle Datum wird in die Zeile geschrieben. Das ist jetzt eigentlich alles, was das Makro *topdate* erledigen soll. Über *EDIT / RECORD ON* schalten Sie die Makroaufzeichnung wieder aus. Wenn Sie jetzt in eine beliebige Datei wechseln und dort *<CTRL T>* drücken, wird die Zeile mit dem Datum eingefügt.

Schauen Sie interessehalber noch einmal in *OPTIONS / KEY ASSIGNMENTS* nach. Blättern Sie in der Liste der verfügbaren Funktionen und Makros, fein säuberlich einsortiert unter *T* steht dort: *topdate*.

Um das Makro dauerhaft zu speichern, wechseln Sie in das Workbench-Fenster *RECORD* und sichern dessen Inhalt. Nur mit diesem Vorgehen können Sie das Makro über das Ende der Session hinaus erhalten.

Damit wären wir am Ende unserer Erläuterungen zur Workbench angelangt, haben aber noch längst nicht das Ende ihrer Möglichkeiten erreicht. Doch Sie kennen jetzt alle ihre Komponenten. Nutzen Sie sie beim Programmieren in C. Sie werden sich im Laufe der Zeit wahrscheinlich das eine oder andere Makro einrichten. Vielleicht befassen Sie sich auch einmal mit fortgeschrittenen Themen wie dem Schreiben eigener Extensions.

Wir wünschen Ihnen viel Spaß und viel Erfolg mit der Microsoft Programmer's Workbench.

Anhang A

Optionen der Menüs

File

New	Eine neue Datei anlegen (Fenster *untitled.xxx* wird geöffnet).
Open	Öffnet eine bestehende Datei.
Find	Durchsucht die Laufwerke nach Dateinamen.
Merge	Fügt den Inhalt einer bestehenden Datei in die aktuelle Datei ein.
Next	Öffnet die nächste auf der PWB-Befehlszeile angegebene Datei.
Save <SHIFT F2>	Speichert die aktuelle Datei.
Save As	Speichert die aktuelle Datei unter einem abweichenden Namen.
Save all	Speichert alle geöffneten und veränderten Dateien.
Close	Schließt die aktuelle Datei und das dazugehörige Fenster.
Print	Drucken einer gesamten Datei, eines Ausschnitts daraus oder mehrerer Dateien.
DOS Shell	Start einer DOS-Shell (mit EXIT wieder verlassen).
All Files	Ein Verzeichnis aller geöffneten Dateien.
Exit <ALT F4>	Die Workbench beenden.

Edit

Undo	Rücknahme der letzten Veränderung.
Redo	Stellt die letzte zurückgenommene Änderung (*Undo*) wieder her.
Repeat	Wiederholen des letzten Editier-Befehls.
Cut <SHIFT DEL>	Den markierten Text löschen und in das Clipboard kopieren.
Copy <CTRL INS>	Kopiert den markierten Text in das Clipboard.
Paste <SHIFT INS>	Fügt den Inhalt des Clipboards an der Cursorposition in das aktuelle Fenster ein.
Delete <DEL>	Löscht den aktuellen Text.
Set Anchor	Setzt an der aktuellen Cursorposition eine unsichtbare Marke.
Select to Anchor	Der gesamte Text zwischen der aktuellen Cursorposition und der mit *Set Anchor* gesetzten Marke wird markiert.
Stream mode	Schaltet den Markierungs-Modus auf Stream-Mode.
Box Mode	Schaltet den Markierungs-Modus auf Box-Mode.
Line Mode	Schaltet den Markierungs-Modus auf Line-Mode.
Read Only	Schaltet die PWB-Zugriffsberechtigung auf Nur-Lese-Zugriff bzw. zurück.
Set Record	Einrichten eines Makros (Name und Tastenkombination).
Record On	Schaltet das Erstellen von Makros ein bzw. aus.

Search

Find	Suchen nach einem Begriff.
Replace	Einen Begriff durch einen anderen ersetzen.
Log	Schaltet das 'Logging' von Suchbegriffen ein bzw. aus.
Next Match	Nächste Fundstelle aufsuchen.
Previous Match	Vorige Fundstelle aufsuchen.
Goto Match	Nächste Fundstelle nach dem Cursor aufsuchen.
Goto Mark	Eine gesetzte Markierung oder eine Zeile (Angabe der Zeilennummer) aufsuchen.
Define Mark	Eine neue Markierung definieren.
Set mark File	Eine Markierungs-Datei auswählen oder neu anlegen.

Project

Compile File	Die aktuelle Datei kompilieren.
Build	Die Ziel-Dateien des aktuellen Projektes erstellen.
Rebuild All	Alle Ziel-Dateien des aktuellen Projektes werden - unabhängig von der Aktualität — neu erstellt.
Build Target	Erstellt eine spezielle Ziel-Datei innerhalb eines Projektes (nicht das gesamte Projekt).
New Project	Anlegen eines neuen Projektes.
Open Project	Öffnet ein bestehendes Projekt.
Edit Project	Editieren des aktuellen Projektes.
Close Project	Schließen des aktuellen Projektes.
Next Error <SHIFT F3>	Position für die nächste Fehlermeldung.
Previous Error <SHIFT F4>	Position für die vorige Fehlermeldung.
Goto Error	Aufsuchen der Position der aktuellen Fehlermeldung.

Run

Execute	Das aktuelle Programm ausführen.
Program Arguments	Parameter definieren, die an das auszuführende Programm übergeben werden.
Debug	Das aktuelle Programm unter CodeView ausführen.
Run DOS Command	Einen DOS-Befehl ausführen.
Customize Run Menu	Das Menü *Run* um zusätzliche Programme erweitern.
Profile	Ein Lauf des Programms unter dem Profiler wird durchgeführt. Anschließend erscheint das Profile-Ergebnis.
weitere Programme	Es folgen die unter *Customize Run Menu* zu diesem Menü hinzugefügten Programme.

Options

Environment Variables	Verändern der Umgebungs-Variablen.
Key Assignments	Tastatur-Zuordnungen für die Workbench einstellen.
Editor Settings	Optionen des Editors und der Workbench einstellen.
Colors	Farbzuordnung für die Workbench.
Build Options	Auswahl zwischen Debug- und Release-Einstellungen.
Project Templates	Einrichten, verändern und sichern von *Project Templates*.

Set Project Template — Auswahl von *Runtime Support* und *Project Template*.

Customize Project Template — Die Build-Regeln des aktuellen *Project Template* verändern.

Save Custom Project — Ein verändertes *Project Template* sichern.

Remove Custom Project Templates — Ein verändertes *Project Template* löschen.

Language Options — Auswahl Compiler-Optionen.

Je ein Eintrag für die unterstützten Sprachen, z.B. *C* und *C++*.

Browse Options	Optionen für das Erstellen der Browse-Datenbank.
Link Options	Optionen für den Linker.
NMAKE-Options	Optionen für NMAKE.
Profile-Options	Optionen für Profile.
CodeView-Options	Optionen für CodeView.

Browse

Open Custom	Öffnen einer Browse-Datenbank.
Goto Definition	Definitionen eines Symbols suchen.
Goto Reference	Referenzen eines Symbols suchen.
View Relationship	Beziehungen zwischen den einzelnen Symbolen darstellen.
List References	Liste der Referenzen.
Call Tree (Fwd/Rev)	Darstellung der Call-Abhängigkeit (Top Down / Bottom Up).
Function Hierarchy	Darstellen der Funktions-Hierarchie.
Module Outline	Darstellen des Modul-Outline.
Which Reference?	Welche Referenz befindet sich an der Cursorposition?
Class Tree (Fwd / Rev)	Darstellung der Klassen-Abhängigkeit (Top Down / Bottom Up).
Class Hierarchy	Hierarchie der Klassen.
Next < CTRL NUM+ >	Aufsuchen der nächsten Definition oder Referenz.
Previous < CTRL NUM->	Aufsuchen der vorigen Definition oder Referenz.
Match Case	Suche nach Symbolen abhängig von Groß-/ Kleinschrift.

Window

New	Öffnet ein neues Fenster zur aktuellen Datei.
Close <*CTRL F4*>	Schließt das aktuelle Fenster.
Close All	Schließt alle Fenster.
Move <*CTRL F7*>	Das aktuelle Fenster verschieben.
Size <*CTRL F8*>	Das aktuelle Fenster in der Größe verändern.
Restore <*CTRL F5*>	Größe des Fensters wiederherstellen.
Minimize <*CTRL F9*>	Fenster zum Icon schrumpfen lassen.
Maximize <*CTRL F10*>	Fenster über den ganzen Bildschirm aufblenden.
Cascade <*F5*>	Alle Fenster automatisch anordnen.
Tile <*SHIFT F5*>	Alle Fenster automatisch anordnen.
Arrange <*ALT F5*>	Alle Fenster automatisch anordnen.
PWB Windows	Auswahl der Workbench-Fenster: *Build Results, Search Results, Print Results, Record, Clipboard, Help, Browser Output.*

Liste der geöffneten Fenster (bis zu einer Maximalzahl, sonst *FILE / ALL FILES*)

Help

Index	Der Index der Hilfe-Funktion.
Contents <*SHIFT F1*>	Inhaltsverzeichnis der Hilfe-Funktion.
Topic... <*F1*>	Hilfe für den markierten Begriff.
Help On Help	Hilfe zur Benutzung des Hilfe-Systems.
Next	Nächster Hilfe-Text zum aktuellen Thema.
Global Search	Suche nach einem Begriff in allen Hilfetexten.
Search Results	Suchergebnis einer Global Search anzeigen.
About	Version der Workbench und Copyright-Hinweis.

Anhang B

Kurzfahrpläne

1. Ein-Modul-Programm

Ein DOS-Programm, bestehend aus einem einzigen Quell-Text. Es werden lediglich die Funktionen der Standard-Bibliothek genutzt. Die Einstellungen stehen auf Standardwerten.

⇨ Öffnen eines neuen Fensters — *FILE / NEW*
⇨ Schreiben des Quelltextes, Sichern — *FILE / SAVE* oder *<ALT F2>*
⇨ Kompilieren und Linken — *PROJECT / BUILD prog.EXE*
⇨ Bei Fehlern: Entweder *Build Results* anschauen oder mit *<ESC>* in den Quelltext zurückkehren. Mit *<SHIFT F3>* ersten (bzw. nächsten) Fehler suchen.
⇨ Wenn fehlerfrei kompiliert und gelinkt: Direkt ausführen oder ausführen mit Debugger.

2. Einstellungen für ein Programm aus mehreren Modulen

Ein DOS-Programm, bestehend aus mehreren Objekt-Dateien.

⇨ Öffnen eines neuen Fensters — *FILE / NEW*
⇨ Schreiben der Quelltextes, Sichern — *FILE / SAVE* oder *<ALT F2>*
⇨ Die ersten Schritte für alle Quell-Texte des Programms wiederholen.
⇨ Projekt anlegen: *PROJECT / NEW PROJECT*. Name des Projektes = Name des ausführbaren Programms. Anwahl *Set Project Template*.
⇨ In *Set Project Template* Sprachunterstützung (C) und passendes *Template* wählen (*DOS EXE*).
⇨ In Dateiauswahlbox alle Quell-Texte (ohne Include-Dateien) des Projektes auswählen. Mit *Save List* beenden.
⇨ Kompilieren und Linken — *PROJECT / BUILD project.EXE*
⇨ Bei Fehlern: Entweder Build Results anschauen oder mit *<ESC>* in den Quelltext zurückkehren. Mit *<SHIFT F3>* ersten (bzw. nächsten) Fehler suchen.
⇨ Testen wie unter 1.

3. Aufbauen einer eigenen Bibliothek

Eine Bibliothek selber erstellen oder eine bestehende Bibliothek pflegen.

⇨ Schreiben oder Ändern des Quell-Textes wie unter 1. der 2.

⇨ Projekt anlegen *PROJECT / NEW PROJECT*. Name des Projektes = Name der Bibliothek (Auf Überschneidungen mit Programmnamen achten, deren *.mak*-Datei würde überschrieben). Anwahl *Set Project Template*.

⇨ In *Set Project Template* Sprachunterstützung *None* und Template *Library* wählen.

⇨ In Dateiauswahlbox alle Quell-Texte für die Bibliothek auswählen. Mit *Save List* beenden.

⇨ Kompilieren, Aufruf LIB   *PROJECT / BUILD projekt.LIB*

⇨ Bei Fehlern: Entweder Build Results anschauen oder mit *<ESC>* in den Quelltext zurückkehren. Mit *<SHIFT F3>* ersten (bzw. nächsten) Fehler suchen.

⇨ Nicht vergessen, Funktionen der Bibliothek ggf. aus dem Entstehungsprojekt zu entfernen.

4. Eine WINDOWS-Applikation

Ein WINDOWS-Programm aus Quell-Text(en), Ressourcen- und Definitions-Datei.

⇨ PWB unter WINDOWS starten.

⇨ Beginnen wie normales Projekt (siehe 2.)

⇨ In *Set Project Template*: *Runtime Support: C* oder *C++*, *Template WINDOWS 3.1 EXE*.

⇨ In Dateiauswahlbox alle Quell-Texte (ohne Include-Dateien, aber mit *.rc*- und *.def*-Datei) des Projektes auswählen. Mit *Save List* beenden.

⇨ Kompilieren und Linken   *PROJECT / BUILD project.EXE*

⇨ Bei Fehlern: Entweder Build Results anschauen oder mit *<ESC>* in den Quelltext zurückkehren. Mit *<SHIFT F3>* ersten (bzw. nächsten) Fehler suchen.

⇨ Testen: Entweder unter *Program Manager* aufrufen oder vorher *WXServer* gestartet haben.

Anhang C

Farbzuordnung und Farbwerte

Name	Wert	Beschreibung
Background	07	nicht sichtbar.
Hilitectrl	07	aktueller Punkt in Auswahlliste.
Greyed	78	nicht sichtbar.
Enabled	70	In Menüs und Dialogen: Verfügbarer Punkt.
Disabled	78	In Menüs und Dialogen: Nicht verfügbarer Punkt.
Alert	70	Messagebox.
Dialogbox	70	Dialogbox.
Pushbutton	70	Button im »Ruhezustand«.
Buttondown	07	Button, der gerade per Maus »gedrückt« wird.
Listbox	70	Listbox innerhalb einer Dialogbox.
Scrollbar	70	Bestandteile des Rollbalkens.
Elevator	07	Positionszeiger im Rollbalken (Hintergrundfarbe).
Menubox	70	Menü.
Menu	70	Menüleiste.
Menuselected	07	Aktueller Punkt der aktivierten Menüleiste.
Menuhilite	0f	Schnellauswahl eines Menüpunktes.
Menuhilitesel	0f	Schnellauswahl eines aktivierten Punktes der Menüleiste.
Itemhilitesel	0f	Schnellauswahl eines aktivierten Punktes eines Menüs.
Dialogaccel	7f	Schnellauswahl in Dialogbox.
Dialogaccelbor	7f	Begrenzung eines aktiven Punktes in Dialogbox.
Shadow	08	Schattierter Bereich.
Text	17	Text in einem Fenster des Editors.
Highlight	1f	Hervorgehobener Text, z.B. gefundenes Wort nach Suche.
Info	3f	Besondere Information.
Selection	71	Aktuelle Auswahl.
Border	07	Rand der Fenster
Status	7f	Hinweise in der Statuszeile (z.B. *M* für geänderte Dateien).
Scratch	07	Nicht sichtbar.
Builderr	40	Zeile mit Build-Fehler in aktuellem Fenster.
Desktop	80	Untergrund der Workbench (Hintergrundfarbe).
Pwbwindowtext	87	Text in einem PWB-Fenster (z.B. Build-Results).
Pwbwindowborder	07	Rahmen eines PWB-Fensters.
Message	70	Meldungen in der Statuszeile.
Location	70	Positionsanzeige in der Statuszeile.

Name	Wert	Beschreibung
Helpnorm	*87*	Normaler Hilfetext.
Helpbold	*8f*	Hervorgehobener Hilfetext.
Helpitalic	*8a*	Die Zeichen ◄ ► sowie kursiver Hilfetext.
Helpunderline	*8c*	Unterstrichener Hilfetext.
Helpwarning	*70*	Aktueller Hyperlink.

Die Farbwerte bestehen aus zwei hexadezimalen Zeichen. Das erste bestimmt die
Farbe des Hintergrundes, das zweite die des Vordergrundes. Hierbei gelten
folgende Farbwerte:

Farbe Zeichen	Zeichen	Farbe	
Schwarz	*0*	Dunkelgrau	*8*
Blau	*1*	Hellblau	*9*
Grün	*2*	Hellgrün	*a*
Cyan	*3*	Helles Cyan	*b*
Rot	*4*	Hellrot	*c*
Magenta	*5*	Helles Magenta	*d*
Braun	*6*	Gelb	*e*
Weiß	*7*	Hellweiß	*f*

Wenn keine Farb-Ausrüstung (Karte, Monitor) zur Verfügung steht, werden
lediglich die Farbwerte Schwarz (*0*), Weiß (*7*) und Hellweiß (*f*) unterstützt.

Alle anderen Farben erscheinen in normaler Helligkeit wie Weiß (*7*).

Siehe auch Kapitel 5.

Anhang D

Befehlszeilenparameter

Rufen Sie die Workbench wie folgt auf (aus der DOS-Ebene oder unter WINDOWS durch Veränderung der Datei *pwb.pif*):

```
PWB   [<Option>]   [<Datei>]
```

Option	Bedeutung
/D[S|T|A]...	Die Dateien *current.sts* (S) und / oder *tools.ini* (T) werden unwirksam, außerdem kann das automatische Laden von Erweiterungen (A) abgeschaltet werden.
/PP *<datei>*	Öffnet ein bestimmtes PWB-Projekt.
/PF *<datei>*	Öffnet ein bestimmtes Nicht-PWB-Projekt.
/PL	Öffnet das zuletzt bearbeitete Projekt (auch, wenn das nicht bei der letzten Session war).
/PN	Öffnet ohne Programmliste.
/E *<befehl>*	*befehl* wird sofort nach dem Starten ausgeführt. Befehle mit Leerzeichen in "Anführungszeichen" einschließen.
/M { *<mark>* | *<line>* }	Startet an einer bestimmten Marke oder Zeilennummer.
/R	Schaltet in den Nur-Lese-Modus (Read Only).

Datei	Bedeutung
<datei>	Eine oder mehrere Dateien werden geöffnet.
/T *<datei>*	Eine oder mehrere Dateien werden temporär geöffnet: Datei erscheint nicht in der Dateiliste und wird nach Neustart nicht automatisch wieder geladen.

Die Parameter sind unabhängig von Groß-/ Kleinschrift.

Anhang E

Tastaturkombinationen

Festgelegte Tastaturkombinationen der Workbench.

In der Hilfe-Funktion:

Taste	Bedeutung
ESC	Hilfe-Fenster schließen.
TAB	Zum nächsten Hyperlink.
SHIFT TAB	Zum vorigen Hyperlink.
ENTER *(NUM) ENTER* *SHIFT ENTER* *SHIFT (NUM) ENTER*	Aktuellen Hyperlink aktivieren.

In Dialogboxen:

Taste	Bedeutung
ESC	Box mit *Cancel* verlassen.
ENTER	Aktiver Befehls-Button.
F1	Hilfe-Funktion.
TAB	Nächste Option oder Befehl anwählen.
SHIFT TAB	Vorige Option oder Befehl anwählen.
Leertaste	Aktive Option umschalten.
CTRL P	Die folgende Taste wird direkt übernimmen (z.B. Tabulator)

In der Workbench unter WINDOWS:

Taste	Bedeutung
ALT ESC	Fenster wechseln.
CTRL ESC	Aufruf des Windows Task Manager.
ALT TAB	Zur nächsten Applikation.
ALT ENTER	Zwischen Vollbild und Text-Fenster umschalten.

Anhang F

Die PWB-Funktionen

Funktion	Bedeutung
Arg	Startet die Eingabe eines Funktions-Arguments.
Arrangewindow	Fenster anordnen.
Assign	Makro oder Funktion einer Tastaturkombination zuweisen.
Backtab	Zum vorigen Tabulatorstop.
Begfile	Zum Beginn der Datei.
Begline	Zum Beginn der Zeile.
Cancel	Argumente oder laufende Aktion unterbrechen.
Cancelsearch	Background-Suche beenden.
Cdelete	Zeichen unter Cursor löschen.
Clearmsg	Build-Ergebnisse löschen.
Clearsearch	Such-Ergebnisse löschen.
Closefile	Aktuelle Datei schließen.
Compile	Build-Vorgang starten.
Copy	Markierten Bereich ins Clipboard kopieren.
Curdate	Das aktuelle Datum (25-Nov-1998)
Curday	Der aktuelle Wochentag (englisch)
Curtime	Die aktuelle Zeit.
Delete	Markierten Bereich löschen.
Down	Eine Zeile tiefer.
Emacscdel	Zeichen löschen.
Emacsnewl	Neue Zeile beginnen.
Endfile	Zum Ende der Datei.
Endline	Zum Ende der Zeile.
Environment	Umgebungsvariable verändern oder einfügen.
Execute	Makros oder Funktion durch Angabe ihres Namens ausführen.
Exit	Nächste Datei aufsuchen oder Workbench beenden.
Graphic	Das Zeichen übernehmen.
Home	Zur oberen linken Ecke des Fensters.
Initialize	Neu initialisieren oder Werte aus *tools.ini* übernehmen.
Insert	Leerstellen oder leere Zeilen einfügen.
Insertmode	Zwischen Einfüge- und Überschreib-Modus umschalten.
Lastselect	Zur letzten Auswahl zurück.
Lasttext	Letztes Text-Argument wieder herstellen.
Ldelete	Zeilen löschen.
Left	Nach links.
Linsert	Zeilen einfügen oder Leerstellen einfügen.

Funktion	Bedeutung
Logsearch	Die Log-Suche ein- bzw. ausschalten.
Mark	Markierung setzen, löschen oder dorthin verzweigen.
Maximize	Fenster über ganzen Bildschirm aufblenden.
Menukey	Menü aktivieren.
Message	Zeigt eine Nachricht auf dem Bildschirm.
Meta	Beeinflußt die Wirkung einer Funktion.
Mgrep	Suche über mehrere Dateien.
Minimize	Fenster auf Icon-Größe verkleinern.
Mlines	Um eine bestimmte Anzahl Zeilen nach unten scrollen.
Movewindow	Fenster verschieben.
Mpage	Um eine Seite nach oben blättern.
Mpara	Um einen Absatz nach oben blättern.
Mreplace	Ersetzen über mehrere Dateien mit Bestätigung.
Mreplaceall	Ersetzen über mehrere Dateien.
Msearch	Rückwärts suchen.
Mword	Um ein Wort zurückbewegen.
Newfile	Neue Pseudo-Datei anlegen.
Newline	Nächste Zeile aufsuchen.
Nextmsg	Position einer Build-Fehlermeldung aufsuchen.
Nextsearch	Fundstelle aufsuchen.
Noedit	Umschalten der No-Edit-Einschränkung.
Openfile	Öffnet eine Datei.
Paste	Datei oder Text aus Clipboard einfügen.
Pbal	Suche nach ausgewogenen Klammern.
Plines	Um eine bestimmte Anzahl Zeilen nach oben scrollen.
Ppage	Um eine Seite nach unten.
Ppara	Um einen Absatz nach unten.
Print	Datei oder eine Auswahl drucken.
Project	Projekt wählen oder schließen.
Prompt	Text-Argument vom Benutzer fordern.
Psearch	Vorwärts suchen.
Pwbwindow	Ein PWB-Fenster öffnen.
Pword	Um ein Wort vorwärts bewegen.
Qreplace	Ersetzen mit Nachfrage.
Quote	Zeichen direkt übernehmen.
Record	Makro-Aufzeichnung ein- bzw. ausschalten.
Refresh	Datei neu lesen oder schließen.
Repeat	Letzten Editier-Befehl wiederholen.
Replace	Ersetzen.
Resize	Größe eines Fensters wiederherstellen.
Restcur	Gespeicherte Cursor-Position wieder einnehmen.
Right	Nach rechts bewegen.

Funktion	Bedeutung
Saveall	Alle veränderten Dateien sichern.
Savecur	Aktuelle Cursor-Position speichern.
Sdelete	Löscht Zeichen an Cursor-Position.
Searchall	Fundstellen innerhalb eines Textes hervorheben.
Selcur	Von aktueller Cursor-Position bis zu gespeicherter Position markieren.
Select	Text auswählen.
Selmode	Wahl des Markierungs-Modus: *box*, *line*, *stream*.
Selwindow	Zu einem Fenster gehen.
Setfile	Datei öffnen oder ändern.
Setwindow	Datei in Fenster ausrichten.
Shell	Starten der DOS-Shell oder System-Befehl ausführen.
Sinsert	Reihe von Leerzeichen einfügen.
Tab	Zum nächsten Tabulatorstop.
Tell	Zeigt Tastaturkombination oder Makro-Definition.
Unassigned	Hebt die Verbindung zwischen Tastaturkombination und Funktion auf.
Undo	Änderungen beim Editieren zurücknehmen.
Up	Aufwärts bewegen.
Usercmd	Einen Befehl aus dem erweiterten *Run*-Menü ausführen.
Window	Zum nächsten oder vorigen Fenster wechseln.
Winstyle	Anzeige der Scroll-Bars wählen.

Anhang G

Dateinamen-Erweiterungen

Die Namens-Erweiterungen von Dateien, die die Workbench anlegt.

Erweiterung	Bedeutung der Datei
.BAK	Sicherungskopie einer veränderten Datei.
.BSC	Zwischendatei des Source-Browsers.
.MAK	Steuerdatei für NMAKE, Projekt-Datei
.MRK	Datei mit Markierungen.
.OUT	Ausgabe des Profilers.
.PBI, PBO, PBT	Zwischendateien des Profilers.
.SBR	Datenbank des Source-Browsers
.STS	Datei zum Sichern des Status eines Projektes oder einer Bearbeitung

Register

A

Advisor	37
Alarmton	
schalten	125
Arrange	29
Aufruf	
DOS-Extender	13
OS/2	13
WINDOWS	13
Aufrufparameter	
/PL	104

B

Bedienung	16
Bibliothek	106, 135
Projekt	107
Bild-Bestandteile	17
Browse	51, 135
Aufrufhierarchie	81
Beziehung zw. Symbolen	77
Class Tree	84
Datenbank auswählen	75
Datenbank wählen	74
Definition suchen	74
Funktionshierarchie	82
Groß- / Kleinschrift	76
Information aufbauen	73
Liste der Referenzen	80
Module Outline	82
Optionen	85
Platzbedarf	84
Projekt	102
Referenz suchen	75
Browser	73
Build Options	53

C

Cascade	29
CodeView	
386 Debug Registers	63
Anzahl Zeilen	62
aufrufen	63
Aufrufhierarchie	71
Bildschirmwechsel	62
Breakpoint	65
Breakpoint löschen	71
Breakpoint setzen	69, 72
Darstellung	65
Einzelschritt	65
Farben	124
Fenster	64
Laufzeitparameter verändern	71
lokale Variablen	66
Maus ausschalten	63
Optionen	62
Programm ausführen	65
Programm-Ausgabe	66
Projekt	103
schwarz-weiß	62
Speicher	67
Speicher verändern	68
Statement markieren	68
Suchen	69
Variablen anzeigen	67
Variablen verändern	70
Variablen-Inhalte	68
zwei Bildschirme	62
Compiler-Optionen	47
Cursor	
Form	127
Position	20

D

Datei	
alle Dateien	28
Auswahl	27
autoexec.bat	11
config.sys	12
current.sts	14
mischen	32
Namenserweiterung	21
new-conf.sys	12
pwb.pif	14
sichern	126, 127, 133
suchen	27
tools.ini	117, 124
Debug	
Optionen	45
Debugger	
Aufgabe des D.	61
DOS-Extender	13

Drucken 137
  Hilfe 40

E

Editor 26
Einstellung 125
Einzug
  automatisch 20
Ersetzen 35
Extensions laden 126

F

Farbe 122
  Einstellung 117, 118
  Werte in tools.ini 124
Fehler
  Hilfe 57
  nächsten aufsuchen 56
Fehler korrigieren 24
Fenster
  19, 26, 28, 132, 133
  aktiv 28
  bestehende Datei 27
  mehrere zu einer Datei 30
  neu 131
  Scroll-Bar 128
  Status 30

G

Globale Optionen 45

H

Hardware-Voraussetzung 9
Hilfe 37, 135
  aufrufen 143
  beenden 43
  Hilfe zu Hilfe 42
  Programmbeispiel 40
  suchen 43

I

Installation 9

K

Kompilieren 23
  Ergebnisse 56

Kopieren 32

L

Linker 38
  Optionen 50

M

Make
  Arbeitsweise 44
Makro
  aufzeichnen 143
Mark File 35
Markieren 30
  Box-Mode 31
  Line-Mode 31
  Projekt 102
  Stream-Mode 31
Markierung 131
  aufsuchen 36
  definieren 35
Match Case 33
Maus 131
  Doppelklick 127
Menü 16
  Optionen 145
  Schnellwahl 16

N

New Window 27
NMAKE 45
  Auslagern 52
  Optionen 52

O

Optimierung 49
  #pragma 50

P

Path Search along 27
Pfad 11
Profiler 87
Programm
  Laufzeitparameter 59
  starten 24, 58
  Starten von WINDOWS-Pr. 59
Project Template 46
  DOS COM 46

DOS EXE 46
DOS Overlaid EXE 46
DOS p-Code EXE 46
Generic options 46
Library 47
PWB-Extension 47
WINDOWS DLL 47
WINDOWS EXE 47
WINDOWS p-Code EXE 47
WINDOWS QuickWin EXE 47
Projekt 90, 130
Bibliothek 107
Build Target 106
editieren 100
einrichten 98
erweitern 104
Include-Datei 100
letztes öffnen 104
Name 98
öffnen 103
Project Template 99, 114
Quell-Text 91, 100
Rebuild All 106
Runtime Support 99
schließen 103
WINDOWS-Anwendung 108
Pseudofile 27

Q

Quell-Text
Umfang 89

R

Rechner
sehr schnelle R. 52
Recursive Search from 27
Regular Expression 134
UNIX 33
Release-Optionen 45
Run
erweitern 140

S

Schalter 126
Askexit 126
Askrtn 126
Autoload 126
Autosave 126
Backup 127
Beep 127
Browcase 135
Browdbase 135
c_softcr 134
c_suffixes 134
Case 127
Cursormode 127
Dblclick 127
Deflang 127
Defwinstyle 128
dlllibs 135
doslibs 135
Enablealtgr 128
Entab 128
Enterinsmode 128
Enterlogmode 129
Enterselmode 129
Envcursave 129
Envprojsave 129
Factor 129
Fastfunc 129
Filetab 129
Friction 130
Height 130
Helpautosize 135
Helpfiles 135
Helplist 135
Hike 130
Hscroll 130
Infodialog 130
Keepmem 130
Lastproject 130
Markfile 131
Mousemode 131
Msgdialog 131
Msgflush 131
mtlibs 135
Newwindow 131
Noise 131
os2libs 135
Printcmd 131
Readonly 131
Realtabs 132
Restorelayout 132
Rmargin 132
Savescreen 132
Searchdialog 132
Searchflush 132
Searchwrap 132

Shortnames   132
Showbuild   132
Softcr   132
Tabalign   133
Tabdisp   133
Tabstops   133
Tilemode   133
Timersave   133
Tmpsav   133
Traildisp   133
Traillines   133
Traillinesdisp   133
Trailspace   133
Typ   126
Undelcount   133
Undocount   134
Unixre   134
User   134
Vscroll   134
Width   134
windlllibs   135
winlibs   135
Word   134
Wordwrap   134
Scroll-Bar   19
Session   15
Sichern   21
Software-Voraussetzung   12
Speicher   130
Speichermodell   22
    frei definiert   47
Speichern   30
Statuszeile   20
Suche
    Groß-/Kleinschrift   127
Suchen   33
    mehrere Dateien   34

T

Tabulator
    128, 129, 132, 133
Tastatur-Kombination   136
Tasten
    Belegte Kombinationen   18
Tile   29
tools.ini (Datei)   123, 125

U

Umgebungsspeicher   129

Umgebungsvariable   11, 22
UNDO   32

V

Verschieben   32
Version
    Verbesserung   7

W

Warning Level   47
WINDOWS
    Programm starten   116
    Projekt   108
Workbench
    erweitern   137
    nachrüsten   10
Wrap Around   33

Z

Zeilen   130
Zeilennummer aufsuchen   36

Grafikprogrammierung mit Microsoft C und Microsoft QuickC

Für Microsoft C Version 6 und Microsoft QuickC Version 2.5

von Kris Jamsa

Ein MICROSOFT PRESS/VIEWEG-Buch.
1991. X, 601 Seiten. Gebunden.
ISBN 3-528-05138-8

Das Buch erweist sich als eine wahre Fundgrube für exzellente Beispielprogramme, die sich weitgehend mit dem CGA-Standard begnügen, aber leicht an leistungsfähigere Grafikstandards angepaßt werden können.

Zwei 5$\frac{1}{4}$"-Disketten für IBM PC und Kompatible (für MS-C Vers. 6 und MS-QuickC Version 2.5).
ISBN 3-528-02856-4

Verlag Vieweg · Postfach 58 29 · D-6200 Wiesbaden 1

Das Vieweg-Buch zu C++ Version 3.0

Eine umfassende und effiziente Anleitung für Ein- und Umsteiger

von Falco Bause und Wolfgang Tölle

1992. X, 395 Seiten mit Diskette. Gebunden.
ISBN 3-528-05252-X

Dieses Buch wendet sich zum einen an all diejenigen, die den Einstieg in eine sehr zukunftsträchtige Programmiersprache betreiben wollen. Zum anderen bietet es denjenigen, die die AT&T C++-Versionen 1.2 und 2.0 bereits kennen, die Möglichkeit, die neueste Version 3 in kurzer Zeit zu erlernen. Ein ausführlicher Anhang, der u.a. Hinweise zur Benutzung von UNIX-Rechnern und zum Compiler enthält, macht das Buch zu einem Nachschlagewerk, beiliegende Diskette mit allen Aufgaben und Musterlösungen macht es hervorragend geeignet zum Selbststudium.

Verlag Vieweg · Postfach 58 29 · D-6200 Wiesbaden 1